「洞察力」があらゆる問題を解決する

ゲイリー・クライン［著］　奈良 潤［訳］
Gary Klein Ph.D.　Jun Nara Ph.D.

Seeing What Others Don't

フォレスト出版

SEEING WHAT OTHERS DON'T

By Gary Klein

「洞察力」があらゆる問題を解決する●目次

PART 1
目には見えない問題を見抜くための扉
～問題解決の「引き金」をどう引くのか？

CHAPTER 1 見えない問題とは何かをつかむ

CHAPTER 2 洞察力を導く5つの認識パターン

CHAPTER8 問題発見への3つのプロセス

PART2 見えない問題を見抜くための「心の扉」を開ける

～私たちを邪魔するものの正体は何か?～

CHAPTER9 自信を持って誤る偽りの発見

CHAPTER10

問題を見抜く人、見抜けない人

CHAPTER11

厳格なITシステムが直感を鈍らせる

PART 3

目には見えない問題を見抜く「心の扉」を開け放つ

～問題解決法を身につけることができるのか？～

PART 1

目には見えない問題を見抜くための扉

～問題解決の「引き金」をどう引くのか？

CHAPTER 1

見えない問題とは何かをつかむ

多くの人が解決したいと思っている悩み

不思議な話になるとは考えてもいなかった。

それは、私がなにげなく新聞や雑誌の記事の切り抜きを集めていたことから始まった。私はたまたま、人がどうやって、偶然にも新しい物事を発見をしたかについての記事を机の上の山積みの書類の中に突っ込んでおいた。それらの書類には、私がインタビューや会話で聞いたメモが含まれていた。

この書類の山は、我が家でときどき行われる大掃除のときに書類用キャビネットに移されるが、ゴミ箱に捨てられることもなく無事に生き残る。なぜ捨てられないのか、私にもよくわからない。しかも、その大量の書類を何かに使うという大きな計画もなかった。

ただ、新しい記事を溜《た》めておいて、数カ月おきに書類を選別し、私が執筆などをするときのネタに、それらの記事の内容を肉づけするのが好きだったのである。
ここに、山積みの書類の中に加えられることになったある話がある。

2人の警官が交通渋滞に巻き込まれた。しかし、イライラしている様子もなく、2人はいつものパトロールを行っていた。その日の朝も別に何か問題が生じていることはなかった。パトカーを運転していた年配の上司の警官が私に話をしてくれたのだが、相棒は彼の自慢の部下だった。たまたま2人は信号が変わるのを待っているとき、相棒が止まっていた妙な雰囲気の新車のBMWをチラッと見た。その車の運転手は、タバコを長い間一服して、口から煙を出し、椅子のクッションカバーにタバコの灰を指で弾《はじ》いて落とした。

それを見た相棒が、上司に向かって、
「あれを見ましたか？ 運転手の男は今、自分の車の中でタバコの灰を落としましたよ」
と叫んだ。彼はその行為が信じられなかったのである。

――自分の車の中でタバコの灰を落としましたよ――これが彼の「見えない問題を見抜く力」だったのである。

誰が新車の高級車の中でタバコの灰を落とすだろうか？ それは車の所有者ではない。車を借りた友人でもない。おそらく運転手は車を盗んだ男だ。

その上司の警官は、最後にこう語った。
「私たちは彼に狙《ねら》いをつけました。ピカーンとね。疑うこともなく、私たちは盗難車に違いないその車を追跡して行きました。見事な観察力、お前は天才だって、もう彼を抱きしめたいくらいだったよ」

私はこの種のような、他人がまったく見抜けないことに気がつく賢い人間の話が好きである。なぜなら、若い警官が鋭い観察眼を発揮するというこの手の話は「人間がどれだけバカげた存在で、偏見に満ちているか」といった、一般的な書物によくあるような意気消沈させる話を払拭《ふっしょく》する経験談だからである。

かといって、このような素晴らしい話を積み重ねていくことで何が変わるのかという重要な問いかけに、私は答えることができなかった。私は認知心理学者であり、人の意思決定の方法を観察することに自分の人生をつぎ込んできたにもかかわらず、である。

2005年、マーティン・セリグマンという心理学者が「ポジティブ心理学」というブームを作った。このブームは「職業におけるバランス感覚が失われている」と結論づけたにすぎなかった。なぜならば、ポジティブ心理学は、私たちの属する組織や社会のあり方について、本来あるべき正しい状態について科学的に検証・実証を試みた、つまり、裏を返せばすでに組織や社会が間違った状態を構成しているという前提に立った学問だからである。それは、働く人たちの心のマイナスをゼロの状態にするだけだった。

結果的に多くの心理療法士は、心が乱され、苦痛に感じている人たちに対して、それを抑えようとするだけだった。

一方でセリグマンは、心のプラスの側面については、カウンセリングを求める人々の人生に意義や快楽をつけ加える方法を探究していた。そこで私が思ったことは、ポジティブ心理学の概念は意思決定にも応用できるということだった。

意思決定学者たちは、いかに人のミスを減らすかという問題に取り組んできた。確かにそれは重要なことである。しかし、私たちは同時に人が多くの経験を積み、**物事の本質（問題）を見抜くような意思決定ができる**ようにしなくてはならない。

2005年以後、私は自分の研究のプレゼンテーションに、次ページのような新しい図をつけ加えた。そこにある「2つの矢印」が、私の意図することを表している。

ここでいうパフォーマンスとは、「技能」「性能」「生産性」の総合的な意味が込められている。そして、このパフォーマンスを向上させるには、私たちは2つのことをしなくてはならない。1つは、下への矢印は私たちが抑えなくてはならないもの、つまりミスのこ

個人・組織を左右する2つの矢印
「パフォーマンスのモデル」

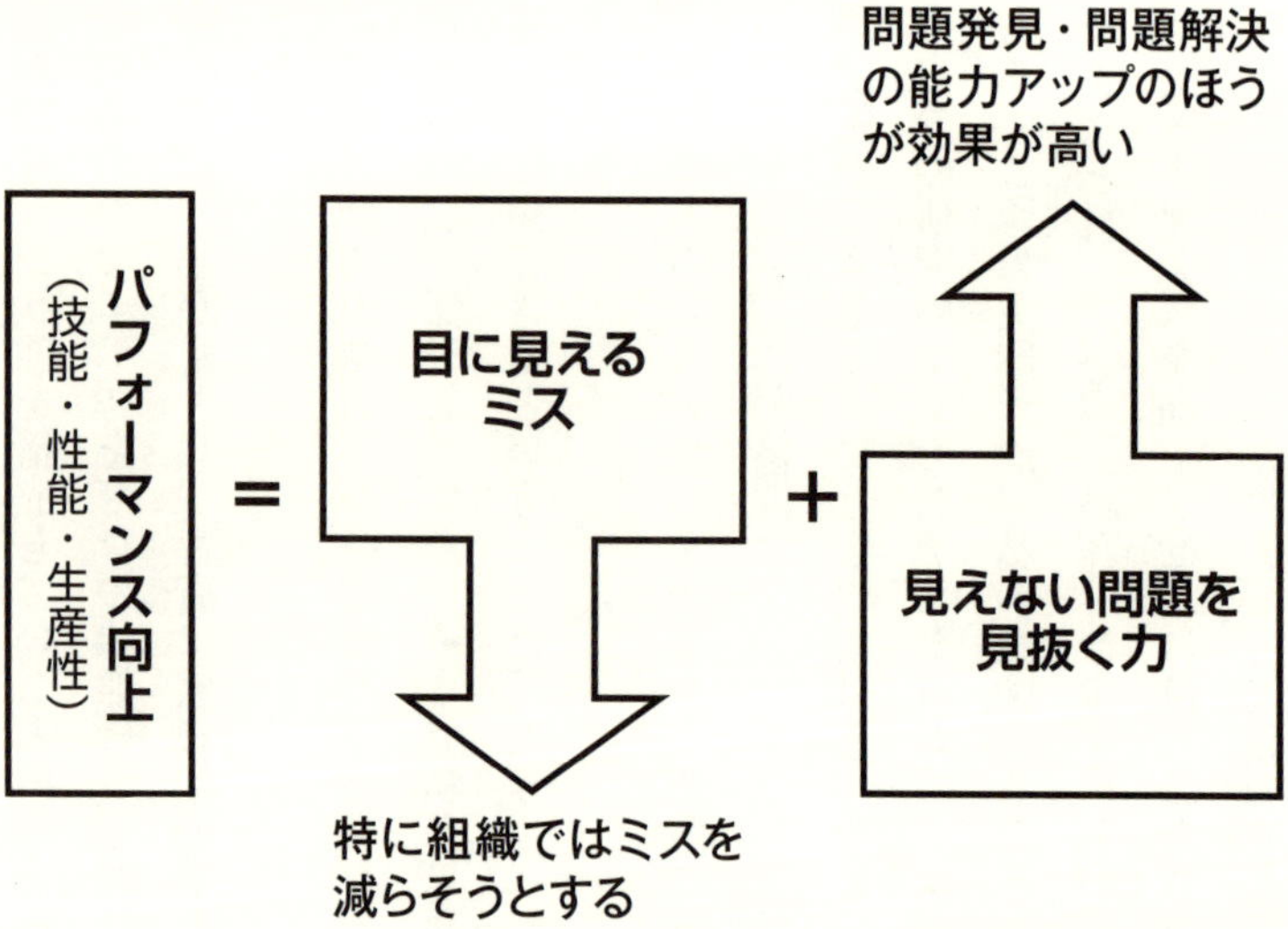

とである。もう1つは、上への矢印は私たちが増強しなくてはならないもの、つまり「**見えない問題を見抜く力（＝洞察力）**」のことである。

私たちのパフォーマンスの向上とは、実はこれら2つの力のバランスにかかっている。

私たちは下へ伸びる、ミスを減らす方法を模索しがちである。しかし、仮にすべてのミスをなくそうとするのであれば、私たちは「見えない問題を見抜く力」を養うことができないだろう。ミスをなくすように務めるだけでは、タバコの灰を車の中に捨てるような車泥棒を捕まえられるようにはならないからである。

理想的な話として、ミスを減らそうとするだけで、私たちが「見えない問題を見抜く力」を養うことが多少はできるだろう。しかし、その方法が有効であるとは思えない。

私がセミナーでこの図を示すと、多くの参加者がうなずいて話を聴いてくれた。彼らが納得したことは、自分たちが属している組織はミスを減らそうとする下への矢印をただ伸ばそうとしていることだった。彼らは、良い仕事をするように組織によって厳しく締めつけられていると感じていたのである。

おそらく、それは経営者たちにとって、従業員の「見えない問題を見抜く力」を伸ばすことよりも、ミスをなくさせるほうが簡単に思えるからだろう。なぜなら、**ミスというのは目に見えるもの**だからである。

しかし同時に、参加者たちから次のような質問を浴びせられた。それは「どうやって上への矢印を伸ばすことができるのか？」というものだった。彼らは、どうやって「見えない問題を見抜く力」を向上させられるのかについて知りたがった。しかし、この質問に対して、私は回答することができなかったのである。

どうやって「見えない問題を見抜く力」を伸ばすかって？

私は、この方法について何も知らなかったことを認めなくてはならなかった。会場には同情的な笑いが生じていた。もし私が「見えない問題を見抜く力」について何か発見があったのならば、この次のセミナーでその話をするように誘っているような笑いに感じたのである。

私はセミナーのあと、帰りの飛行機の中で、上への矢印についてじっくり思案していた。あの偏った現実社会にある2つの矢印のバランスを元に戻したいと願うすべての人々の悩みを解決したいと思っていた。

そのとき、私の帰途を待っている、あの山積みの書類のことを思い出したのである。

そうして2009年9月に、私は「見えない問題を見抜く力」についての独自の研究を開始することになった。

私の研究の場合、心理学実験室で行われるものと違い「実際の現場で『見えない問題を見抜く力』がどのようにして発揮されるのかを調査することで、何か有益な情報を得られないだろうか」と考え、事例を収集し始めた。

しかし、この研究が数年先まで自分の関心の的であり続けるとは予期していなかったし、研究に引きずり込まれるなどと思ってもいなかったのである。

私は、この不思議なテーマに引きずり込まれることになった。

第1に、**何が「見えない問題を見抜く力」を触発させるのか**ということだった。ごちゃごちゃで関連性がなく、時として矛盾した事実や出来事、印象について、意味を見いだせるようになるのかということであった。

この最初の問いにぶち当たっていると、第2の疑問点が生じてきた。それは、**何が原因で「見えない問題を見抜く力」が発揮されないのか**という疑問である。その力がまるで果実のように自分の目の前に垂れ下がっていて、採集するのに十分に熟しているというのに、なぜにその力が発揮できないのかということであった。

私はそうした不思議なテーマを分類していくうちに、第3の問題に取り組むことになった。それは「**見えない問題を見抜く力」を絶えず発揮するための実践的な方法があるのか**という難問である。これこそが私のセミナーの参加者が知りたがっていたことである。

しかし、私は先を急いでいた。初めに人が「見えない問題を見抜く力」を発揮しているときに、何が起こっているのかを自分自身で理解してみたかったのである。

❖生体内を発光させる物質から生まれた新たなる発見

マーティン・チャルフィーはコロンビア大学生物学科教授で、蠕虫《ぜんちゅう》の神経系に関する研究を行っていた。ある日、彼は自分の専門外の分野についての昼食セミナーにうっかりと間違って参加してしまった。

1989年4月25日、昼食セミナーの講演内容は、チャルフィーにとって特に興味がないものであった。その後、講演半ばとなり、講演者がどのようにしてクラゲが光を発し、生物発光ができるかという仕組みについての説明を始めた。1962年に日本人（ノーベル化学賞の下村脩《おさむ》氏）が、クラゲの体内で緑色の光を発する蛍光物質であるタンパク質を発見したものであるが、紫外線がそのタンパク質に照らされると、蛍光の緑色を発するというものであった。

この昼食セミナーの1時間後、チャルフィーは「天然蛍光色」についての100万ドル以上のアイディアが閃《ひらめ》くことになった。それは、天然蛍光色によって生命体の内部で活動する生物学的過程を観察できるようにするものであった。

彼の「見えない問題を見抜く力」は、顕微鏡が初めて開発されたときとよく似ている。つまり、研究者はかつて観察することができなかったものが観察できるようになったのである。

この発見により、チャルフィーは2008年にノーベル化学賞を受賞した。

チャルフィーがノーベル賞を受賞するまでの道のりは、彼が参加した昼食セミナーから始まった。彼が過ごした1時間の間に、何かが彼の中で生じたのである。

彼は、蠕虫の神経系について研究していた。彼が研究に使っていたその蠕虫は、たまたま半透明の皮膚であった。しかしその皮膚の特徴は、研究時点においては何も重要な役割を果たしていなかった。蠕虫の神経系を研究するのに、彼は蠕虫を殺して組織を調べなくてはならなかった。もちろん、そうした方法で実験することに何も疑問に思うこともなかった。なぜなら、それが標準的な方法だったからである。

しかし、あの昼食セミナーのあと、「わかったぞ！」という瞬間が訪れた。

もし緑色の蛍光タンパク質を半透明の蠕虫の体内に導入すれば、紫外線を体に当てることで、蛍光タンパク質が体内のどこに拡散しているのかを見ることができると彼は気がついたのである。チャルフィーは「蛍光タンパク質を使って、まだ生きている生物の体中で細胞を見ることができる」と考えたのである。

今日、この生物発光物質は分子生物学の発展のために、何百万ドルもの富を生み出す産業となった。

他の研究者が蛍光タンパク質をクローン化したことで、技術者たちは多くのクラゲを刈物でさばく必要もなくなった。また、青、青緑、赤といった他の色も開発され、クラゲや蠕虫だけでなく、さまざまな生き物に簡単に導入することができるようになった。

さらに、あらゆる使用目的でも利用されるようになっている。科学者が蛍光タンパク質をウイルスに導入し、それをモルモットの体内に注入する。すると、ウイルスが体内に拡散して免疫系に作用する様子を見ることができる。

ガン研究者たちは蛍光タンパク質をウイルスに導入し、ガン細胞の生理学機能を可視化することができる。神経細胞に粘着する分子にも導入することができるので、外科医は発光した神経細胞によって誤ってメスで切ってしまうこともなくなったのである。

蛍光タンパク質の使用目的は生物だけに限らない。

その1つに汚染を察知するためにも使えるようになった。蛍光タンパク質をバクテリアに導入することで、汚染度が上昇するにつれて明るく輝くことになる。また、農業でも使用できるようになった。農場主はもう農地全体に農薬をスプレーで撒《ま》く必要もない。その代わりに、害虫がどの野菜を蝕《むしば》んでいるのかが見えるようになり、その場所に集中して農薬を撒けばいいのである。

さらに現在、生体発光をする樹木を街灯の代わりに実用できないかと考えられている。そうすることで暗い場所のエネルギーコストを削減できる。

このように、チャルフィーの1つの発見が、多くの分野にまで貢献しているのである。

チャルフィーの「見えない問題を見抜く力」は、**異なるアイディアが合体して新しい発想に結びついた**という特徴を示している。彼の発見は、何かを注意深く観察することで生じたものではない。それは突然に興奮が湧き起こったものである。

彼の発見は、異なる2つの事実――半透明の皮膚を持つ蠕虫と緑色の光を発するタンパク質――が合体して生まれたものである。チャルフィーがうっかりそのセミナーに足を踏み入れてしまう前までは、彼の研究活動の中心は蠕虫の神経を調べることであり、研究方法はおまけであった。しかし、彼が半透明の皮膚を持つ生き物の研究をしていたからこそ、「見えない問題を見抜く力」は、何か新しいものを創造するための行為になったのである。

その新しいものとは、蛍光タンパク質を利用することで、生体内の神経細胞の活動を観察できるようにしたことである。

もし私たちに「測定器」なるものがあるのならば、その測定器は、突発的な発見、興奮による揺さぶり、互いにぴったりと結合するアイディアの組み合わせ、新しい方向に進むうえでの自信に反応する。そして、そうした要素によって測定器はその人に反応し、アイディアが閃くのである。

金融詐欺師の告発に至った、ある疑念

バーナード・マドフは、2008年に逮捕されるまで、史上最大規模のポンジ・スキーム（注：金融のねずみ講で、異常に高いリターンを謳《うた》って出資者から資金を集め、その資金を使ってその後に続く投資家に利益を配分するといった資金操作を繰り返すこと）を行っていた。

この逮捕劇の外伝として、ハリー・マルコポロスという無名の金融アナリストが登場する。

彼は1999年にマドフが不正を働いていることに気がつき、そのことを確信した。それからマドフ逮捕までの約10年間、マルコポロスはマドフの裁判に出廷し続けたのである。

それはまるで、フランス文学小説『レ・ミゼラブル』のジャヴェール警部がジャン・ヴァルジャンを追い続けたようであった。しかし、ジャン・ヴァルジャンが少年から銀貨40スー（注：昔のフランスの旧コインの低い単位の名称）を盗んだ以上に、この事件は重い罪に問われることになった。

2000年に、マルコポロスは米国商取引委員会にマドフのことを通知した。その後、2008

年にマドフが自首するときまで、彼は告発し続けてきたのである。しかし、マルコポロスの告発は毎回拒絶されてきた。米国商取引委員会は彼のことを変わり者とみなしていた。

それというのも、マドフは世間から非常に尊敬されていた人物であり、前ナスダック会長、かつ有力な慈善事業者でもあったからである。マドフは米国証券業者協会の取締役も務めていた。一方のマルコポロスは対照的に、変わり者で通っていた無名の金融アナリストでしかなかった。

しかも、彼の調査方法にも問題があった。金融サービス業界でのマルコポロスの信用度は、マドフの信用度とは比べものにならないほど低いものであった。また彼は、不正告発をした者に対する報酬制度を商取引委員会に提言していた。証券業者協会がマルコポロスの告発について疑惑に思うだけのそれなりの理由もあった。

彼には、自分の告発が拒絶されるそれなりの理由もわかっていた。それは、商取引委員会は巨額規模の詐欺に対して取り締まれるような組織作りがなされておらず、また、同委員会の人間たちも巧妙化した詐欺行為を捜索するだけの技能も持ち合わせていなかったからである。マルコポロスは、商取引委員会のような政府機関は、ウォール街に投資することよりもウォール街を守ることに関心を払っていると考えていたのである。

マルコポロスについて、私が当初に抱いた関心とは、彼が最初からマドフは不正を働いていると確信していたということだった。彼はどうやって確信に至ったのか?

1999年、マルコポロスはボストンにあるランパート投資管理会社に勤務していた。マルコポロスの同僚の1人が、マドフのような投資会社の業績に匹敵するだけの結果を出してみろと彼を挑発したのが事の始まりだった。そこで彼は、そのような安定した収益率を疑問に思い、まずはマドフの成功について調べることにした。

そして、ここにはもう1つ別の重要な事実があった。それは、マルコポロスが公認不正検査士であったということだ。

当初、マルコポロスはマドフがどのように経営しているのかについて、ただ興味があっただけにすぎなかった。「私は別に不正を監視するつもりではありませんでした。マドフがどのように業績という数字を弾き出していたのかを単に知りたかったのです」と、彼は私に語った。

マルコポロスがマドフのヘッジファンドに関する公開データを取り寄せると、すぐに何かがおかしいと勘づいた。売上の数字が単純に加算され続けていなかったのだ。

「安定した利益を生み出すようには設計されていない『保守的戦略』を自分はとっている」と、マドフはかつて発言していた。にもかかわらず、毎月、自分の投資が利益をもたらしていると主張していたのである。実際には、7カ月間で損失を出したのはたった3カ月間だけであったとマドフは報告していた。

マルコポロスは自著〝No One Would Listen: A True Financial Thriller〟で、マドフの売上が記されている会計表を初めて見たときの自分の反応を記している。

「私は数字をひと目見て……すぐにその数字がおかしいことに気づいた。ただ、そうわかったのである。私は頭《かぶり》を振り始めた。マドフはスプリット・ストライク・コンバージョン戦略（注：現物株の購入だけでなく、その株に対するオプション〈売買の権利〉の購入も含めた手法のこと）がもたらすものが何かを知っていたのである。しかし、この戦略は不十分に設計されたものであり、かつ明らかに多くの誤りが含まれているので、それほど利益をもたらすものでない。なのにどうして機能しうるのか、私にはわからなかった。そのページの下部には、マドフの収益の動向を示す折れ線グラフがあり、それは45度の角度で安定して上昇しているのである。こんなことは金融の世界では到底あり得ないことだ。ほんの数分も経たないうちに、私は同僚に『これは決して真実なんかじゃない。これはニセモノだ』と告げたのである」

長年にわたり安定した収益率を提唱してきたマドフの信用度に反して、マルコポロスの疑惑は天文学的な規模ほどに膨《ふく》らんでいたのである。

しかし彼は、実際にマドフがどのようにして不正を働いているのかわからなかった。他の考えとして、マドフがポンジ・スキームを操作しているのではないかということだが、それはあまりにも無理なこじつけのように思えた。

マルコポロスの「見えない問題を見抜く力」が働いたことで、「マドフは不正を働いている」と勘づいたのは突然のことだった。彼は公認不正検査士としての経験を活かして、他の人が注目しなかった密告者の情報との密接な関連性に焦点を当ててみたのである。

彼が会計上の数字を見る前は、マドフのように名声がある人間が人から金を騙《だま》し取るようなことをするとは想像することもできなかった。しかし、その数字を見てから、マドフがどうやって不正を働いているのかについて、密告者の情報との関連性を考えるようになったのである。

人は、出来事のつながりを経験や訓練を積むことなくして見抜けるようにはならない。

私はこれまでに、車泥棒と気づいた若い警官、蛍光タンパク質による新たな発見をしたチャルフィー、金融不正に気づいたマルコポロスの3人の話を紹介した。しかし、登場する3人には、ある重要な点で異なる部分が2つある。

チャルフィーは、**異なるアイディアがどのようにして互いに密接に適合するのか**に気がついた。一方、若い警官とマルコポロスは、**いくつかの事実が互いに適合しない事実**に気がついた。これは「もしかしたら自分が思っていることは正しくないかもしれない」という「見えない問題を見抜く力」が働いたのである。

山積みの書類の中にある記事を調べてすぐに、私はそうした出来事の相違点を見つけ出した。反対に、異なる出来事の中でも、人が「見えない問題を見抜く力」を働かせるうえでの共通点を見つけられるかもしれないと思うようになったのである。

悩み、考えながらも発見した疫病の、ある共通点

マイケル・ゴットリーブは、医学部を卒業後、スタンフォード大学で免疫機能の研究員になった。1980年には、カリフォルニア大学ロサンゼルス校の助教授になり、マウスの免疫系に放射線を当てることによる影響に関する研究をしていた。彼にとって、研究は興味深いものではなく、その代わり、患者の変わった症状の変化に興味を持っていた。

1981年1月、1人の若い研修医がゴットリーブに患者の変わった症状を報告した。それは、31歳の男性で、咽頭《いんとう》にカンジダ症が発症しているというのである。重症感染のため、その男性患者は呼吸困難となっていた。彼は、免疫系に欠陥がある患者がそういった典型的な症状を示すことを知っていたために、その患者の治療を引き受けることにしたのである。

ゴットリーブは、まず患者の血液サンプルを調べた。しかし、意味があるデータは得られなかった。人の免疫系には白血球、ヘルパー細胞、サプレッサー細胞の異なる細胞が存在する。ヘルパー細胞は、病気と戦う細胞を誘い込むことで免疫反応を起こし、体内に侵入してくる微生物を破壊する抗体を作る細胞である。サプレッサー細胞は、免疫系を監視し続ける役割を持つ。

特に人が病気にかかったとき、サプレッサー細胞よりもヘルパー細胞のほうが多くなる。しかし、その患者の状態は逆で、ヘルパー細胞よりもサプレッサー細胞のほうが多かったのである。実際、その患者にはほとんどヘルパー細胞がなかったのである。

ゴットリーブは、この現象を説明することができなかった。

数日後に患者が熱を出して肺炎にかかったとき、彼は肺の細胞を採取して検査することにした。患者はニューモシスチス肺炎にかかっていた。これは肺の繊維内表面を攻撃し、血液に酸素を運搬することを妨害する真菌に感染することで生じる。この酵母様真菌は時折、健常者の肺の内部にも見受けられた。

しかし、免疫系に何か異常がない限り、そうした真菌がコントロールされないことはほとんどない。ニューモシスチス肺炎は、ガン患者、臓器移植や骨髄移植を受けて免疫系をコントロールする薬を必要とする人、未熟児、また高齢者がかかるものである。

つまり、健常な成人がかかるものではない。それゆえに、ゴットリーブは、その患者の免疫系に何か異常があるということを示す他の証拠を探し出そうとしたのである。

ゴットリーブは、その男性患者について他の特徴を思い出した。魅了するような若い男性患者はモデルであった。彼はロサンゼルスに移り、同性愛者として生活していた。そんな彼が、おネエ言葉を話しているのを、ふと思い出したのだった。今日では不思議ではないが、30年以上前はそのような言葉を聞くことすら稀《まれ》であった。

同年5月、ゴットリーブはロサンゼルス内で、同じような症状が見受けられる2人の患者を診察することになった。2人ともニューモシスチス肺炎にかかっていた。彼は、最初に診た患者と同じような症状と、同じ特徴に気がついた。それは、その2人の男性患者が「同性愛者」であったということだった。

そして同年12月、彼はニューモシスチス肺炎にかかっている4人目、5人目の患者を診ることになったが、やはり同様の典型的な症状を示していた。リンパ腺肥大、発熱、体重減少、重度の酵母様真菌感染——そして、彼らも同性愛者であった。

ゴットリーブと同僚たちは、この発見を論文にして米国疾病管理予防センターの『週刊疫学情報』に掲載したのである。この論文が、のちに後天性免疫不全症候群（HIV＝エイズ）と呼ばれる疫病の始まりを伝達する公式の報告書となるのである。

ゴットリーブの「見えない問題を見抜く力」は、驚くようなパターン化された認識に変わった。彼は最初、このような偶然の一致が起こる原因に気づかなかった。単に、彼が診た患者たちは不気味な病気の予兆を示すだけだと思った。

彼はエイズが蔓延《まんえん》することがまったくわかっていなかった。しかし5カ月後には、彼は警鐘を鳴らし、診断のアイディアが完全に一変したのである。そうして、エイズ患者を専門とする診療を開始するのである。

数年後、ゴットリーブは、俳優ロック・ハドソンの主治医になった。ハドソンは世界で初めてエイズと診断された患者である。ハドソンは、身長が193センチという大柄ながらもハンサムな外見で、よく映画雑誌の人気投票で選ばれることがあった。

彼はエイズで亡くなった最初の有名人であり、自分がエイズであることを公言したのである。ゴットリーブは、米国エイズ基金の創設委員会の1人となったが、ロック・ハドソンの資産から25万ドルがこの基金に寄付されている。

さて、これまでの3つの事例（車泥棒の発見、蛍光タンパク質、不正金融告発）とは異なり、ゴットリーブの「見えない問題を見抜く力」が働き出すのは突然のことではなかった。

それはあるケースから別のケースに移る中で醸成されたものである。1981年1月に変わった症状の患者に興味を持ち、2人目、3人目の患者を診るうちに興味が疑念に変わった。そして、4人目、5人目で今度はパターン化された認識に変わったのである。

彼の**「見えない問題を見抜く力」は、パターンを見抜くように働いた**のである。これは、一見無関係に思えるようなアイディアを組み合わせるような機会に遭遇したり、何か不自然なものに注意を払うのとは違う現象である。

❖誰もが「見えない問題を見抜く力」を求めている

「見えない問題を見抜く力」は、これまでの事例に登場したような特別な人だけに備わっているのではない。人は誰でもその力を兼ね備えている。しかし、そうした「見えない問題を見抜く力」というのは非常に些細《ささい》なもので、私たちはその力に気を配るようなことはしない。

私たちは、パターンを見つけようといつも探っているのであり、関係性や関連性を探している。一貫性に欠けるものにアンテナを張り、重要かもしれないが一般的でない点に注目するとき、何か疑問に感じるものである。

人は、何かするのにより良い方法を見つけると、とても興奮する生き物である。多くの人たちが閃きを必要とするパズル問題を解く作業に時間を費やしている。それは解決策を模索し、解き方がわかるととても満足できるからである。結局、私たちは**「見えない問題を見抜く力」を求めるようにできている**のである。

しかし、この力はどこから生じるのであろうか？

私が話をかき集めることを始めてみても、何らかの共通するものを見つけることができなかった。そこで、いくつかの事例を調査するための小さな研究プロジェクトを始めることにした。その目的とは、さまざまな事例の中で何が共通点なのか、また、パフォーマンスを向上させる上への矢印を伸ばすためのアドバイスを見つけるためである。

ところが、さまざまな話を比較し始めると、「見えない問題を見抜く力」を最も発揮させるのは何かについて、話に登場する出来事が互いに異なるように思われた。それに、多くの要素が含まれているように見えた。

そうした事実について、私はまだ意味を見いだすことができなかったのである。

CHAPTER 2

洞察力を導く5つの認識パターン

過去の学説が疑問を解決してくれるか？

今から1世紀も前に、ロンドン経済学院の共同設立者の1人であるグレーアム・ウォーラスが、「人の目には見えない問題を見抜く力」について、初めて現代的な観点から解説した書物を出版した。

1926年に出版された彼の著作『思考の技術（The Art of Thought）』は、今でも最も一般的な解説だと考えられている。そこには**「『見えない問題を見抜く力』がどのように働くのか？」についての思考モデル**が記されている。

もし、あなたがこの研究分野に足を踏み入れるのならば、ウォーラスを通らずして研究を先に進めることはできないだろう。

私が収集した出来事の話からその意味を考えることに苦労しているのに対して、ウォーラスは「見えない問題を見抜く力」についての話を集めて、そこからスマートに明確な意義を見いだしていた。彼が提唱する思考モデルは、パフォーマンスを向上させる上への矢印がどのように機能するのか、そして、私たちはどのようにして「見えない問題を見抜く力」を高めることができるのかといった問いに答えてくれるかもしれない。

「歴史からの教訓」を学ぶ時間である。

ウォーラスは、1858年にイングランド北東部にあるサンダーランド市モンクウェアマウスで生まれた。彼の父は牧師であったが、息子には普通の宗教教育を施していた。彼はオックスフォード大学に1877年から1881年まで在学していたが、キリスト教への信仰を捨ててしまった。その代わりに、社会主義という新しい信仰に目覚めるのである。1884年に、彼はフェビアン協会に入会する。フェビアン協会は、急進的でなく漸新《ぜんしん》的な方法で社会を改革したいと考えていた会である。会員には、バーナード・ラッセル、レオナルド&ヴァージニア・ウルフ夫妻、H・G・ウェルズなど、知的指導者らがその名を連ねていた。

ウォーラスは、協会設立者であるウェッブ夫妻と親密な関係を結んだ。1895年に夫妻がロンドン経済学院を開学した際、彼は初代学院長を任された。彼はその依頼を固辞し、その代わりに同学院で教えることになった。

彼はいくつもの顔を持っていたが、そのうちの1つは心理学者であった。特に産業革命によって生じた何らかのストレスを軽減するために、心理学は社会に貢献するように利用され得るという考えの持ち主であった。『思考の技術』の中で、ウォーラスは心理学の概念を応用してみることで、人が効果的にものを考えられる方法を示そうとした。

ウォーラスと同年代に生きた人物、たとえば心理学者ウィリアム・ジェームズや哲学者アンリ・ベルクソンなども、「見えない問題を見抜く力」の特質について考察していた。しかし、2人ともウォーラスに匹敵するだけの説得力のある説明をしていない。彼は、教師および学校管理者として40年もの経験をふまえ、詩人、科学者、哲学者、その他多くの分野の人たちの思考プロセスを事例から説明したのである。

『思考の技術』における最も普遍的な貢献は、「『見えない問題を見抜く力』を発揮して、発見へ至るための4つの段階」を提示していることである。

その4つとは、「**準備**」「**発案**」「**閃き**」「**確証**」である。

準備段階では、人は問題について調べ始める。**難しく、より意識的で、体系的で、それでも実を結ばない分析的な思考に人はのめり込む**ことになる。

それから、私たちは発案段階に移る。この段階では、**意識的に問題のことを考えること を止め、意識が潜在意識にとって代わる**ことになる。

この発案段階について、ウォーラスはドイツの物理学者ヘルマン・フォン・ヘルムホルツの言葉を引用して説明している。ヘルムホルツは1981年に学者としてのキャリアを閉じるとき、自分がこの発案段階をどのように体感したかについて、省察な言葉を残している。

「いいアイディアとは直感のように、努力をしないで予期しない形で思い浮かぶものだ。私に関する限りは、心が疲れ切っているときや机にかじりついているときに、こうしたアイディアは決して生まれるものではない。特に晴れた日に森の丘をゆっくりと登っているときに生まれるものである」

ウォーラスは、3番目の閃き段階について真剣に考えることを読者に提言している。私たちは、**心の緊張を解くことを求め、問題について深く考えすぎることを止める**ようにすべきであるというのである。たとえば難しい書物を読むような、潜在意識が自由に働くことを邪魔するかもしれない作業をやるべきではないというのだ。彼は詩人ジョン・ドリンクウォーターの詩を引用することで、「見えない問題を見抜く力」を出す方法について解説している。

命の光が絶えず心に浮かぶ
これが私の日々の美しさで、次の好奇心をくすぐる
自分の未だ知り得ない心を打ち続けるのだ

この閃き段階とは、「見えない問題を見抜く力」が、明確で、突発的で、即座の確信と共に働くときのことである。つまり「いいアイディア」というのは、無意識レベルでのさまざまな連想が1本に結びついて蓄積したものであるという。こうした連想が、意識的に吟味される以外に、意識の表層レベルに表れる段階になるまで成熟しなくてはならないというのである。

ウォーラスは、人はときどきアイディアが心の中で醸造するのを感じることができると主張した。アイディアが意識レベルの縁に顔を出してきて、もう少しで解明するためのフラッシュが生じることを人に暗示させるのである。

この時点で、アイディアが失われたり、意識レベルに表れることはないかもしれない。または、アイディアが流れてしまうような妨害によって、その形成が中断されてしまうかもしれない。それゆえに、人が本を読んでいるときにアイディアが閃きそうになると、よ

く読むことを中断して宙を見上げて、アイディアが生じるのを待つのである。

そして最後は確証段階で、**そのアイディアが有効かどうかを吟味する**のである。仮にそのアイディアが数学などについてのトピックならば、この最終段階で詳細について意識的に検証しなくてはならない。

以上、ウォーラスによるアイディアについての4段階のモデルは、今でも「人の目には見えない問題を見抜く力」がどのように働くのかを説明するのに有効なものである。

このモデルは、もっともらしい説明である。少なくとも、私がさらに詳しく検証するまでのことだが……。

彼は、準備段階はアイディアを出すうえで必要であると主張している。しかし、チャプター1で紹介した人々は、皆アイディアを出すのにたいして時間を費やしていない。それぞれが予想しない形でアイディアが生じている。

さて、これまでの事例における登場人物には背景と経験があるが、それはじっくりと考えて準備したというのではない。警官が交通渋滞に巻き込まれていたとき、彼は何もアイディアを出す準備はしていなかった。チャルフィーは、生物学的マーカーを準備する理由も自分の研究方法を向上させるつもりもなかった。マルコポロスはマドフを告発する準備はしていなかった。ゴットリーブはエイズの蔓延についての警鐘を鳴らす準備どころかエイズについてさえ知らなかった。

「準備から始めなさい」という助言は、私たちの誰にも有益とは思えないのである。私たちは、どうやって準備すればいいのか知り得ないからである。

準備と経験は混同されやすい。私たちは、「見えない問題を見抜く力」とはどういうものかということを知ったあと、その力を身につけた人は特別な知識をどのように獲得したかを見て取れる。以前からあった自分の興味と経験によって、他人が思いもよらないアイディアを心で生み出す準備をしているのである。

私たちは、このような心構えを「一般的な準備をした心構え」ということができ、それはチャルフィー、マルコポロス、ゴットリーブの事例で見られる特徴でもある。一般的な準備をした心構えとは、経験を積むことと同じことである。若い警官にしても、十分な経験がなかったものの、犯罪者を察知する心構えを持っていたのである。

ところが、ウォーラスは困難な問題解決をするための準備をすることで、「特別な準備をした心構え」を持つように提言している。彼によると、私たちが何かに行き詰まり、難問を突破できるようなアイディアを閃かなくてはならないとき、十分によく考えて準備することから始めるべきだという。

むろん、こうした十分な準備は、科学の世界における偉大な発見の中にも見て取れるし、よく考えて準備するという概念は、私たちの労働倫理の中で見かけるものである。

もちろん、それはどのような職業においても重要なものではあるのだが、アイディアを出すのに必要な要素ではない。私が思うに、十分な準備は多くのアイディアを出すのに実践的であるとは言えないということだ。

また、ウォーラスにおける1つの欠陥は、彼が選んだ事例が偏っているということである。彼は成功例しか調査しなかった。彼は、人が十分に準備したけれど成果が出なかった事例についてはいっさい検証していない。

したがって、多くのアイディアが偶然にも閃いたケースや、特別な準備をしても人が確実に困難を突破できなかったケースについて、私は準備というものについてどのように説明すればいいのかわからなかったのである。

また、発案段階はチャプター1のほとんどの事例のどれにも当てはまらない。

警官は、運転手がタバコの灰を車の中で落としてすぐに何かおかしいと気がついた。チャルフィーは、蛍光タンパク質の話を聴いてすぐにその応用に気がついた。マルコポロスは、金融データを見てすぐに何か不正の疑いがあると感じた。

多くの人たちがシャワーを浴びているときに、突然にアイディアが出てきた経験を話す場合が多い。だからといって、企業が従業員の職務上のアイディアを出す確率を高めるために、シャワーを浴びる回数を倍にすることが効果的なのか疑問に思うところだ。発案段階が必要だとも思えないし、また、実行不可能であろう。

そこで、ウォーラスの第3の段階、閃き段階がある。

確かに、私たちは皆、そうした段階がある。この閃き段階のフラッシュはどのように起こるのだろうか？

ウォーラスは潜在意識レベルのさまざまな連想が1本に結びつくことで生じると述べていた。この説明は、あまりにも不思議で納得し得ない。このプロセスこそが、私がさらに詳しく調べたいことであり、探究を始めることになった不思議な点なのである。

この閃き段階では何が起こっているのか？　もし私が、パフォーマンスを向上させる上への矢印の意味を他人に話すのであれば、この部分を説明できるようにしなくてはならないだろう。

おそらく、万事がカチッと決まったときの、「ああ、なるほど！」という経験は、アイディアが生み出されるプロセスの極致となる。しかし、それ自体がアイディアということではない。

つまり「ああ、なるほど！」と言ってアイディアを出すことは、オルガズムが概念であるというのと同じことになるのである。

経験することは物事を実現することよりも認知しやすい。しかし、経験が物事の実現を保証するものでもないし、物事の実現は経験なくしても生じ得るのである。


私の頭の中はグルグルと回り続けていた。しかし、ウォーラスによる「発見へ至るための4つの段階」モデルは、これまでの事例のどれにも当てはまらなかった。そのことは、このモデルが間違っているという意味ではない。ある側面は有益なものであるかもしれないが、それはどれだろうか？

多くの認知科学者たちがアイディアについて語るとき、それは行き詰まった状態から解決された状態への変化を意味している。私たちは問題に直面して行き詰まり、ある程度の間もがき、それから心の障害になっているものを乗り越えるための手段を見つける。こうした見方は、ウォーラスの最初の3つの段階とほとんど同じである。しかし、私にはこれまでの事例に登場する人たちが何かの障害に直面したようには見えなかった。

もし私が、パフォーマンスを向上させる上への矢印がどのように機能するのかについて解説したいのならば、アイディアについて何が重要であるのかということに対して、曖昧《あいまい》な定義や基準を極力減らす必要がある。行き詰まりを突破することよりも、何か別のものが必要なのである。

移り変わる変化は意図的なものではない

事例に登場した人たちは、物事がうまく運ぶように、話の流れが良いほうに向かうようになっている。こうした話は、過去と現在の出来事（若い警官、マルコポロス、ゴットリーブ）の原因や、もしくは未来の出来事（チャルフィー）の原因になる道筋について説明している。

こうした話の中での移り変わる道筋とは、何か小さな部分を変更するとか、さらに詳しい事実を付加することについてではない。移り変わる道筋の中で、いくつかの初めに抱いていた考えを捨てることになるか、または別の考えにとって代わることになるのである。

この変化は**「不連続的発見」**、すなわち**平凡な話から、より良い話に思いもよらず移行するという**ものである。

ときどき、この移り変わる話は、すぐにより良い方向へ進展させるもので、事例としては、車泥棒に気づいた警官、蛍光タンパク質のチャルフィーが挙げられる。それ以外の場合でも、事態はいい方へ向かうのだが、良い状況になるのにある程度の時間がかかっている。

金融不正を告発したマルコポロスは、時間をかけてマドフがどのように不正しているのかについて見破るための道筋を、時間をかけてでも自力で発見するに至った。同様に、エイズを発見したゴットリーブは、その忌まわしい病気の症状のパターンを時間を要して認知することで、新しい病気の原因であるウイルスを断定するための道筋を、彼自身で発見して医学界に示すことになったのである。

こうした「見えない問題を見抜く力」によって、私たちは新しい話の方向へ進むことができ、より正確に、より認識しやすく、そして新しい信念をもたらすのである。

「見えない問題を見抜く力」は、私たちをさまざまな方法で新しい方向へと導く。その力は、私たちが**どのように理解し、行動し、見て、感じ、そして欲するのかを変える**のである。つまり、私たちの理解の仕方、考え方を変えるのである。

そして、導かれた方向は、**異なる視点を私たちに与え、行動の仕方をも変える**のである。場合によっては、私たちの理解や行動だけでなく能力までも変えてしまう。

こうした新しい方向へ導く話とは、世の中が実際どのように動いているのかという話よりも、はるかに高次なものである。それは物事がどのようにうまく運ぶのかについてであって、「見えない問題を見抜く力」は、**私たちのものの見方も変える**のである。

そして、私たちは何か違うものを探し求めるようになる。つまり、「見えない問題を見抜く力」は、私たちのものの感じ方を変える。その感じ方とは、何が私たちを興奮させ、または神経質にさせるのかということである。

最後に、「見えない問題を見抜く力」は、**私たちの欲求を変える**。話の流れが新しくなることで、私たちの目的も変わり、以前に持っていた何らかの野心を捨て、新しい目的を追い求めるように促すのである。

私のある友人がこうした話の流れの中の変化を説明するには、「『見えない問題を見抜く力』とは、結果が物事の始まりと異なることを起こす何か、それが生じるときに働く力のこと」だと言う。

また、ヒラリー・マンテルは、彼女の小説『ウルフ・ホール』（宇佐川晶子訳、早川書房刊）の中でも同じ見解を示している。「閃きを戻すことはできない。自分自身を閃いた瞬間以前の状態に戻すこともできない」と書いている。

それゆえに、私は「見えない問題を見抜く力」についての有意義な定義をしたのである。

それは私たちを変える方法であるのと同じく、物事の成り行きをより良い方へ向かわせる思いがけない変化である、ということだ。

私には、この力が何か特別なものであることについて、自分なりの考えがあった。決まりきった方法による問題解決法と比較して、「見えない問題を見抜く力」というのは意識的、もしくは意図的なものではないということである。

その力は、何かに注意することなくして生じるのである。私たちの心は、意識なくして困難な知的労働をするようになっている。

また、その他のいくつかの点でも特別なものである。閃きが生じたとき、それは一貫性があり明確である。閃きは、複数の可能性のある回答の一部を示したりしない。私たちが何か閃いたとき、「ああ、そうだ！　まさにこれだ！」と考えるものである。

つまり、心の整理ができたと感じるのである。この心の整理によって、私たちは自分の閃きに自信を持つのである。

ウォーラスは、４つ目の段階として、人が何かを確信した結果であると主張した。私たちは、その他に良いと思えるアイディアを思いつくことはない。その代わり、「これが最適な答えだ」と心に浮かぶのである。私たちは、閃きの美しさにうっとりしたような反応さえも示すかもしれないのである。

蛍光タンパク質を応用したチャルフィーも、彼の新しい研究がピッタリ定まったときに、同じような経験をしたのかもしれない。金融告発したマルコポロスも、明らかに詐欺であるケースを見破ったときに、同じように体感している。エイズ発見のゴットリーブも、彼が確認した症状のパターンが新しい臨床例に一致したときに、ぞっとするような満足感を覚えたに違いない。年配の警官も、同僚の若い警官を抱きしめたいと思った。

こうして私は、何がフラッシュを生み出すのかについて、その不思議な点を探究する準備ができた。

しかし、調べれば調べるほど、私はより複雑で困惑させられるような経験をすることになったのである。私は何か有益なことを思いつくことができたか定かではなかった。自分に自信が出てきたという感覚を持てなかったのである。

現場主義的な調査「ＮＤＭ理論」を応用する

私は「見えない問題を見抜く力」が、より自然に近い状態でどのように発揮されるのかを調査したかった。幸いにも、実験室内での実験を行ううえで生じるすべての制約に拘束されることもなく考察することができた。そもそも実験室内で問題解決をさせるような作業に私は興味が持てなかったのである。

それは、今から25年以上も前に、私は人がどのように意思決定をするのかについて研究をしようとしたときと同じだった。当時、私は意思決定の実験をしたこともなかったし、そのような学科を受講したこともなかった。

そのとき、私は別の不思議な「謎」を解こうとしていた。

それは「人はどのように生死に関わる事柄を意思決定しているのか」という謎である。実験室で調査する代わりに、私は、人々がどのように生死の意思決定をしているのか調査することにした。これはもちろん、実験室内で調査できないことだ。

そこで私は、消防士たちを被験者とした。彼らは緊迫した状況下で優れた意思決定をしなくてはならないからである。私は、消防士たちに最も困難な状況についてインタビューをした。研究に最も適した事例を収集し、消防士たちがとった方法について学ぶために、インタビューした事例を綿密に調べてみた。

私は発見したものに驚いた。結果は、**意思決定に関する既存のモデルにどれも適合しなかった**のである。消防士たちは選択肢を比較検討し、ベストなものを選ぶというようなことはしていなかった。彼らにはそうする時間がなかった。その代わり、自分たちの経験、何十年もかけて習得してきた行動パターンに頼って状況を判断し、最も有効であろう行動の選択肢を認識していたのである。

消防士たちは、自分たちが過去に学んだパターンに、遭遇している状況をどのように適合させるかを認識することで、迅速な意思決定をしていたのである。彼らの意思決定におけるパターンは、速く、そして自動的なものであった。それは、彼らがうまくいくための選択肢を迅速に認識するために、直感力をどのように利用しているのかを示している。

認識した選択肢を比較検討するのではなく、その選択肢を実行するのなら、どのようにことが運ぶのかについて意識的、かつ慎重に想像することで自分たちの直感力に頼っていたのである。消防士たちは、いつでも難しい決断をしなくてはならないが、その80パーセント以上も、こうした方法に依存していたのである。

私はこれを「再認主導意思決定法」と命名したが、他の研究者たちは私の研究結果を他の分野にも当てはめた。すると、軍の司令官や油田の開発管理者などの専門家が困難な局面に遭遇したとき、実に90パーセントの割合で直感力に依存していたことが判明したのである。

こうして**「現場主義的意思決定（NDM理論）」**という分野が確立したのである。NDM理論は、人工的に設計された課題を実験室の中で被験者に考えさせるのではなく、**実際**

の現場でどのように人が考えるのかを研究する学問になったのである。

しかし、人が実際の現場でどのように考えるのかという研究は、多くの心理学の研究者たちを落胆させた。彼らは、現場主義的な研究調査は本当の科学なのかと問い詰めてきた。彼らにしてみれば、科学というのは厳密に条件づけされた環境下で概念を検証することだからである。私のような現場主義的意思決定学者たちは、科学的調査方法の初期段階に集中することで、あとになって再検証できる概念を生み出してきた。つまり、人は決断をどのようにするのか、アイディアをどう生み出しているのかといった現象を観察して理解しようとするのである。

しかしそれまでは、「見えない問題を見抜く力」といったような研究は、実験室の中で人工的に設定された課題を用いて行われてきた。そうした研究は、仮説を打ち立て、検証することを目的としている。

私は25年も前から「見えない問題を見抜く力」に関する分野と、意思決定に関する分野の両方を並行して観察してきた経験から、この力についての研究も実際の現場からわかるかもしれないという希望を持つようになった。私は、この力がどのように働くのかについて何も考えがなかったので、仮説を検証する準備ができていなかった。

しかし、ここが重要なのである。私は「見えない問題を見抜く力」について、現場で調査することができるのだ。それはつまり、人がアイディアをどのように形作るのかを模索することだが、運が良ければ、私が研究してきた多くの事例から、その答えが見つかるかもしれないからだ。

消防士の意思決定法についての研究調査は、「見えない問題を見抜く力」というのは直感と同じようなものであることを示しているのかもしれないが、実際には両者はかなり異なるものである。消防士たちは、緊急時の迅速な意思決定において適用する認識パターンを構築している。直感力とは彼らがすでに習得しているパターンを活用する力のことであり、それに対して、「見えない問題を見抜く力」とは新しいパターンを発見する力のことである。

確かに、「見えない問題を見抜く力」とは直感力と異なるものであるが、消防士の研究は25年以上あとになって、私の考察に影響を及ぼしたのである。

消防士たちは、複雑な燃え方をする火事についての詳細を知り、さらに体験の中で新しい知識を加えていくことで考え方をしばしば変えていた。ところが、最も劇的なシナリオとは、彼らは、火事が進行している状況の中で考え直し、燃えている建築物の内部で何が生じているのか、固定された自分たちのストーリー（話の流れ）を修正していたのである。

ストーリーとは、状況の詳細について認識し、構成する道筋のことである。ストーリー以外にも他の認識があり、たとえば地図や組織の役職の中でその人がどの位置に存在するのかを示す人間関係図もある。

私は、このストーリーを中心に調査を進めてきた。それというのも、ストーリーは、私たちが遭遇する状況や出来事についての認識を形作る共通の方法だからである。そういった種類のストーリーは、状況に関するあらゆる種類の詳細な事柄を構成し、**「アンカー（錨《いかり》）」とも呼べる中心となるべきいくつかの要点に支えられている**のである。アンカーはかなり安定していて、他の詳細な事柄を解釈する方法を決めるのである。

その後の研究で、ほとんどのストーリーは、それぞれ3つか4つのアンカーで構成されている事実を見つけた。

ここで先ほどまで挙げた事例を思い出してほしい。若い警官におけるアンカーとは、運転手が車を大切にすることに無頓着《むとんちゃく》であったことであった。チャルフィーの場合のアンカーとは、蠕虫の半透明な皮膚、緑色の蛍光タンパク質を量産することができたという事実、それから、蛍光タンパク質を蠕虫の体内の神経細胞に埋め込むことができるというアイディアであった。マルコポロスの場合のアンカーとは、株式市場においてお金が決して失われることがないという投資信託はたいてい詐欺であるということと、マドフの手法はあまりにも堅実すぎて大きな利益を生み出すことができないことであった。ゴットリーブにおけるアンカーとは、同性愛者の男性の間で蔓延しやすい病気の症状を彼が診断したことと、その病気は人の免疫系の一部を破壊していったこと、それに、その病気によってあらゆる種類の感染にもろい犠牲者がいたことであった。

人は新しい情報をさらに獲得することで、アンカーによってストーリーの内容を変えることができるのである。チャルフィーは、蛍光タンパク質を大量生産する方法を学び、それをさまざまな細胞に導入する方法を知ったことによって、話が大きくなった。マルコポロスは、マドフが行っている不正についてさらに詳しく知ることによって逮捕劇にまで発展した。ゴットリーブは、エイズとは同性愛者の男性だけに感染するのではないことを知るようになったのである。

実際に、調査を始めたときには、こうした考えは思い浮かばなかった。私は、消防士の直感のことやアンカー、私たちが出来事についての認識を構築して形成する方法を考えてもいなかった。今だからこそ、私は自分の以前の研究によって「見えない問題を見抜く力」がどのように働くのかについて詳しく説明をすることができるようになった。

当時の研究から何かを発見することができるかもしれないという希望を持っていたが、

私は「見えない問題を見抜く力」という心理パズルを用いるような心理学実験を何も実施していなかった。実際、事例を検証するために、記事を切り抜くことから準備を始めたのだから。

❖考古学的発掘法によって導き出された5つの認識パターン

考古学者が、もしもある丘陵の内部構造を探索したいとしても、丘のすべてを掘ることはない。その労力はあまりにもコストが大きく時間がかかりすぎる。その代わりに、丘陵内部の状態のイメージを示す細長い発掘溝を掘る。そうすることで、その場所に壁があるのか、建築材があるのか、それ以外の重要な構築物があるのかを判断するために役立たせる。それによって考古学者たちは、丘陵をさらに探索する意味がないと判断するかもしれないし、逆に、その土地をさらに発掘してみるだけの価値が十分にあると決断する。

私の研究プランは、考古学における発掘溝を掘るようなものだった。私は、伝統的な室内実験を行っていなかった。その代わり、**その人の考え方に思いがけない変化をもたらすことになった事例**について調査したのである。それは120ほどの事例で、少しばかり私独自の事例も含まれている。

自分の空き時間でこれらの事例を収集するのに、半年以上の月日がかかった。私はあまりインタビューをすることはなかった。なぜなら非常に多くの事例をメディアから見つけたからである。

また、過去30年間に私が行ったインタビューも引っ張り出し、その中でも、その人が自分自身のストーリーや、どう物事が運ぶのかについての自分なりの考えが劇的に変わったというインタビューを選んだ。

イノベーションや何かの発見については、かなり書籍に頼ることになった。イノベーションの本については、科学、発明、ビジネス、経営管理の事例から多くの収穫があった。私は、以前に軍の戦略家に行ったインタビューの原稿を探した。2007年から2008年の間に生じた金融危機における投資についての本や記事からは、より多くの事例が出てきた。医学上の発見も同様に、自分の専門分野における研究仲間や家族との会話も事例として引き合いに出した。

この120の事例は、私だけが持っていたものである。さらに新しいストーリーを生み出すために、こういった事例がどの方向に、どう導くことになるかということについては予期しなかった。それは、私の研究が終わるにつれて、あとで明らかになることだった。

たぶん、あなたはこれまでに登場した事例を読んでいるので、「見えない問題を見抜く力」

に関して、私よりもいい想像を働かせているだろう。

私の事例の収集は、いくらか行き当たりばったりなやり方であった。私はこの出来事から学ぶことができると感じたときに、さらに調べるというようなことをした。将来の研究者は、より体系的な方法で事例を収集する方法を思いつくかもしれない。しかし、現時点においては、初期レベルの現場での調査を行うことであるから、私は単に観察結果を集める必要があった。私は発掘を始める必要があったのである。

120の事例のうちの大部分は成功談であった。私がグレーアム・ウォーラスに対して行った批評と同じである。研究者は一連の成功談をまとめることができ、ある方法論、たとえば慎重に準備することでアイディアがもたらされるということを結論づけることができる。それでは、失敗した事例や準備段階が報われない原因を検証できない。

この弱みに反駁《はんばく》するために、私の研究では検証できない少数の事例を選んだ。こうした事例には、「見えない問題を見抜く力」がある人物だけでなく、その力を発揮できなかった別の人物の事例も選んだ。それは、基準の1つである。

つまり、比較対象とされる人物は同じ情報を持っていても、問題を発見し、それを解決し損なったということである。このような被験者の存在によって、成功と失敗の違いを分けるための考え方と特徴が明らかになったのである。こうした比較については、この本のパート2で述べることにする。

「見えない問題を見抜く力」についての120の事例を収集するにあたり、私はそれらすべてを要約し、3つの項目に区分した。**「出来事の背景」「『見えない問題を見抜く力』を起こすことになる重要な場面」「『見えない問題を見抜く力』の性質」**である。

次に、隠された認識パターンを明らかにするために出来事を分析してみた。そして、分析を通してさらに細かく分類していった。この分類は小さなものから始めたが、研究が進むにつれてさらに知りたい分類もつけ加えることになり、最終的には14分類まで増えたのである。これはいわゆる発掘溝で条件づけされた実験ではない。その目的とは、「見えない問題を見抜く力」を探索することである。

その分類とは、「当事者は問題に直面して大変な思いをしたか？［はい・いいえ］」「当事者はアイディアを出すのに十分な時間があったか？［はい・いいえ］」「見えない問題を見抜く力は突然に働き出したか、それとも徐々に働き出したか？」などである。

私がいったん分類の種類を決めると、それぞれを独立させて14分類に従って出来事をコード化してみた。すると、評価の適合性は78パーセントになり、スタートとしては悪くない結果が出た。それから、評価が不一致した事例については熟考し、誤解を防ぐために評価基準を修正した。さらにいくつかの事例には詳しい説明も加えた。最後には、評価の適合性は98パーセントになった。

そして最終的に、私は5つの異なる方法に分類した。

- **出来事のつながりから見抜く方法**
- **出来事の偶然の一致から見抜く方法**
- **好奇心から見抜く方法**
- **出来事の矛盾から見抜く方法**
- **絶望的な状況における、やけっぱちな推測による方法**

それぞれの出来事において、当事者は事実を結びつけることによって「見えない問題を見抜く力」が生じたのか?

当事者は、「見えない問題を見抜く力」を引き起こすきっかけとして、何かの偶然の一致に気がついたのか?

何らかの好奇心——奇妙な事実や出来事——が「見えない問題を見抜く力」を引き出したのか?

「見えない問題を見抜く力」が生じたのは、当事者が何かの矛盾に気がつくことによるのか？　もしくは、当事者が困難に直面して、絶望的な状況から逃れようとしていたのか？

１２０の事例のほとんどは、５つのうちの１つ以上によるものであった。しかし、これら５つのうち、「見えない問題を見抜く力」を証明する「本当の」やり方はどれだったのだろうか？

または、５つのやり方は、一般化されたやり方に統合されたのだろうか？

私がデータ上で認識パターンを探し出すのに苦労したように、それらどれもが私の目からして確実なものであるとは思われなかった。しかし、あなたは自分でそのことを評価することができる。

以降、可能性のある５つの方法について述べることにする。まずは、１人目の重要参考人の検証から始めることにしよう。

CHAPTER 3 出来事のつながりから見抜く方法

❖ターラント海戦と山本五十六

大半の人々は「点と点を結びつける」ことで、そこからアイディアを見つけ出して問題を解決するという経験をする。私たちは新しい情報の数々を他の情報や、すでに持っている情報と組み合わせることで、新しい発見をする。

1940年11月11日から12日にかけて勃発《ぼっぱつ》したターラント海戦について知る人はほとんどいない。この戦争によって、軍指導者たちが海の上での戦争に対する考え方を一変させたというのにもかかわらずである。

この海戦が証明したことは、敵の戦艦は、航空母艦から飛び立った戦闘機からの攻撃に弱いということであった。

ターラント海戦は、第2次世界大戦の始まりの時期の、アメリカが大戦に参戦する以前に起きた。フランスは1940年6月25日に降伏しており、イギリスだけがドイツ、イタリア、日本と戦争をしている状態であった。

地中海でイタリア海軍は、エジプトに駐在しているイギリス海軍の補給を制限していた。イギリス海軍は、イタリア海軍の第一小艦隊を攻撃する戦略を立案した。その小艦隊は、イタリア南東部のかかとの内部にあるターラント湾で平穏に守られていた。そこを攻撃するという、いわゆるターラント海戦は、秘密保持の理由で任務遂行にあたる計画は記述されることがなく、それゆえにほとんど注目されることがなかったのである。

イギリス海軍は、1隻の新しい航空母艦イラストリアスに、歴史上初めて敵の戦艦を上空から攻撃するための戦闘機をすべて搭載させたのである。最初の戦闘機が11月11日の午後9時に飛び立ち、10時58分に目的地に着いた。イギリスの戦闘機は、半年間も任務から離れていたイタリア艦隊の半分を、1時間以内に爆撃機で爆破したのである。

イギリス海軍は、ヴィンテージ複葉機からスウォードフィッシュ爆撃機で24発の魚雷を打ち込んだ。それまで専門家は、少なくとも30メートル以上の水深がないと爆撃機の攻撃は成功しないと信じて疑わなかった。イタリア海軍は、ターラント湾の水深は12メートル弱しかないことから、自軍の小艦隊は空からの爆撃機に対しては安全だと考えていたのである。

ところが、イギリス海軍は爆撃機にワイヤーをつけることで魚雷の頭の部分を引っ張り上げる工夫をしていた。そうすることで、魚雷が頭から海に落ちるのではなく、腹打ちのように落ちるようになっていた。さらに、魚雷に木製のヒレを取りつけることで、水中にそれほど深く沈まない仕組みにした。

イギリスでターラント海戦での勝利のニュースが広まったとき、日本海軍の山本五十六《いそろく》大将は、この攻撃の応用を考察していた。彼の「見えない問題を見抜く力」が働いて、真珠湾（パール・ハーバー）沖で「平穏」に投錨《とうびょう》しているアメリカ艦隊もまた、空からの奇襲攻撃に弱いかもしれないと考えたのである。

山本は1941年1月にその考えを初めて自分の日記に記し、1941年12月7日の真珠湾への奇襲の青写真を描くまで、そのアイディアを練り上げ続けた。

皮肉なことに、日本はアメリカと戦争するという決断に対して、彼は反対していた。アメリカとの戦争に日本が勝てるわけがないと十分にわかっていたからであった。彼が書いた手紙には、「万が一、日米がお互いに敵愾心《てきがいしん》を抱くことになるのならば、我々がグアムとフィリピン、もしくはハワイやサンフランシスコのみ制すだけでは不十分である。我々の勝利を確かなものとするためにも、我々はワシントンで行進をし、ホワイトハウスで講和条約を結ぶ必要があるだろう。私が疑問に思うこととは、（日米開戦を軽々しく話す）日本の政治家は、最終的な戦争の結末を迎えることに自信があり、必要に応じて犠牲を払うことも厭《いと》わないつもりでいるのか、ということだ」と記されている。

山本は、数年間ハーバード大学で学んだ経験があり、英語が流暢《りゅうちょう》であった。彼はアメリカとの開戦だけでなく、日本の満州侵略、中国への侵攻、ナチス・ドイツとの協定にも反対していた。彼の戦略的構想に反対する派閥は、軍国主義者を利用して彼を暗殺することも企てた。海軍大臣は彼の生命を守るために彼を連合艦隊の司令長官に任命し、安全だと思われる海上に派遣したのである。

山本の考えに反して、日本陸軍の指導者たちは、日本が東南アジアへの支配計画を遂行するだけでなく、アメリカも叩《たた》くことができると自信を持っていた。そうした軍指導者たちは、強大な政治的指導力を有していたので、彼らの意向を止めることができなかった。

山本は、もし開戦が不可避となれば、日本はアメリカとの戦争に長く持ち堪《こた》えることはできないだろうが、アメリカ海軍に壊滅的打撃を与えるような猛烈な一撃を与えれば、日本の勝利への一筋の光が見えるかもしれないと考えた。

山本は、6隻の航空母艦から353機もの戦闘機を飛ばすことで、真珠湾に奇襲を仕掛けたのである。日本海軍は、真珠湾で停泊していたアメリカの全8隻の戦艦のうちの4隻、それに3隻の巡洋船と3隻の駆逐艦、188機の戦闘機を撃沈し、2402名のアメリカ兵が戦死した。

一方、アメリカ海軍戦略部長のヘラルド・シュタルク海軍大将は、ターラント海戦を応用することを山本よりも早く気がついていた。ターラント海戦の2週間後にはメモを残していて、1940年11月22日に「奇襲攻撃によって、ハワイにある最も狙われやすい獲物は、そこで停泊している艦隊であろう」と記している。そのメモには、「港の中で爆撃防御網をかけることが望ましいかもしれない」というアイディアまで記されている。

その後、1941年1月24日、シュタルクは自分の上司であるフランク・ノックス海軍長官に手紙を送っている。その手紙には、「もし日本と戦争をするということになるのならば、真珠湾に停泊している艦隊か海軍基地が奇襲攻撃を受けることで開戦するということは容易に想像できる」と綴《つづ》っている。

このように、敵対する2人の海軍大将は、イギリスの奇襲攻撃の意義を素早く把握していたのである。2人とも、「見えない問題を見抜く力」が働いたのである。

山本五十六大将率いる日本海軍は、彼の「見えない問題を見抜く力」を持って、ターラント海戦の戦術を自分たちの奇襲攻撃に応用させたのである。一方でアメリカ海軍は、全アメリカ海軍責任者であるシュタルク大将が発した一連の警告を聞き逃したのである（注：真珠湾を攻撃させて日米開戦の大義名分を作ったという説もある）。

なぜ、シュタルクはアメリカ艦隊が脅威にさらされていることを立て続けに警告しなかったのか。事実、彼は警告を発し、魚雷防御網を張ることを提言していた。しかし、長期にわたって警戒態勢を維持しておくことは困難だった。常時警戒態勢を敷くことは、業務が継続的に妨害されることになる。さらに、自衛につぎ込まれる労力は軍事訓練の足かせにもなる。そのうえ、爆撃防衛網は戦艦が沖からの出入りを妨害することにもなる。

そもそも、シュタルクが発した警告は、どれくらい現実的に起こり得るのだろうか？真珠湾はとても水深が浅い。防衛に責任があるシュタルクも、日本海軍が戦闘機を使ってアメリカの艦隊を爆撃できないだろうと考えていた。魚雷は泥にはまるだけだろうと。

もしアメリカ海軍将校たちが、日本海軍が浅瀬用の爆撃魚雷を開発していたことについて知っていたら、真珠湾で待機している司令官たちに情報を躊躇《ちゅうちょ》することなく伝達していたであろう。

もし私たちが、「見えない問題を見抜く力」を行動に移すことができないのであれば、それはまったく意味がないことになる。シュタルクに海軍戦略部長という地位があるのにもかかわらず、彼の警告を拒んで無視したのである。

フランクリン・D・ルーズベルト大統領は、1942年3月にシュタルクを海軍戦略部長の地位から退かせ、ロンドンに左遷した。これは、真珠湾の惨事に対する非公式な処罰であった。

山本もシュタルクも、「見えない問題を見抜く力」を働かしていたことを考えてみよう。2人とも、日米間で開戦することになることは共に予期していた。2人とも、アメリカのほうが日本よりも力があることを知っていた。

次に、ターラント海戦についてはどうか？

この海戦の模様を太平洋上に映し出すことで、山本もシュタルクも2人とも、日本海軍が真珠湾に停泊しているアメリカ艦隊に奇襲攻撃を仕掛けることができるかもしれない、とその類似性に気がついていた。2人とも、同じ出来事を結びつけていたわけだ。

この**出来事をつなげる思考プロセスは、新しく、思いもかけない情報を入手し、その応用例を考案した**のである。彼らは、すぐに新しい情報を自分たちの状況につなぎ合わせ、自分たちが取ることができる行動についてのアイディアが閃いたのである。

赤ん坊は他人に共感する力を持っているのか？

アリソン・ゴプニックは、カリフォルニア大学バークレー校の有名な発達心理学者である。彼女の専門は、赤ん坊がどのようにものを考えるのかについて研究を行うことだった。

アリソン・ゴプニックは、赤ん坊は人が考えている以上に賢いということを信じていた。いくつかの点で、赤ん坊は他人の意図を把握することができるというものだった。心理学的に言うと、心の理論――他人にはその人独自の心と趣向があるということ――である。つまり、赤ん坊は科学者と同じように世界を理解でき、物事の原因がどのように生じるのかについてのストーリーや理屈を作り上げるというものである。

彼女は、赤ん坊がそういった能力に欠け、未発達で未成長な存在であるという考え方を嫌った。赤ん坊には、いくつかの点では、成長した人間よりも環境に対して敏感であり、科学者よりも活発に学習し、限られた特定の関心事によって縛られるのではなく、自分たちを取り巻く世界について学ぶというのである。

成長した人間はしばしば、自分たちにとって最も重要なことに対して注意を狭めてしまう。一方、赤ん坊は1つのことに集中することができないが、予期できないことに対してより高い注意を払う。

2009年に出版された彼女の著作『哲学する赤ちゃん』（青木玲訳／亜紀書房刊）では、赤ん坊の共感する能力のような、素晴らしい能力について記してある。

発達心理学者たちは、子供は約7歳になるまで他人のものの見方を把握する能力を発達させることはないとしてきた。ゴプニックは、そうした独断的な考え方――あまりに常識的なものの見方――を覆し、もっと早い年齢でできるようになると論じたのである。

しかし、彼女は赤ん坊がどのようにしてそのようなスキルを習得しているのかについては実証することができていなかった。

そして、運命の日がやってくるのである。それは、ゴプニックがキッシュにパイナップルを入れたデザートを夕食に出したときのことだった。

彼女の2歳の息子がそれを味わって、顔をしかめたのである。

彼女は「それから数週間経って、息子の顔の青みが完全に取れて、私に『ママ、パイナップルはママにとっておいしいと感じたんだね。でも、僕にはまずいけどね』と言ったんですよ」と語っている。

ゴプニックはこの出来事をきっかけに、ある実験を行ってみた。それは、赤ん坊がブロッコリーとクラッカーをどのように認識するのかについて、その精神構造を調査したのである。

彼女は、生後14カ月と18カ月の赤ん坊たちに生のブロッコリーとペパリッジファーム・ゴールドフィッシュ・クラッカー（注：アメリカのペパリッジ社が販売している有名な金魚の形をしたスナック菓子）がそれぞれ入ったボールを用意し、赤ん坊に食べさせた。

赤ん坊たちは一律にクラッカーを好んだ。そこで、それぞれのボールから食べ物を少しずつ取り出して、赤ん坊たちの前で、ゴプニック自身がおいしくないという表情とおいしいという表情をしてみせた。

「ブロッコリーがおいしくない、クラッカーがおいしいという表情」と「ブロッコリーがおいしい、クラッカーがおいしくないという表情」を、半分の時間に分けてしてみたのである。そのあとで、ゴプニックは自分の手を差し出して赤ん坊に食べ物（ブロッコリーかクラッカー）を求めた。

生後14カ月の赤ん坊たちは、彼女がブロッコリーがおいしいという表情をしてみせても、自分が好きなクラッカーのほうを差し出した。ところが、生後18カ月の赤ん坊は、彼女がおいしいという表情をしたもの、それが自分の嫌いなブロッコリーであっても、彼女がおいしいという表情をすれば差し出したのである。

生後18カ月の赤ん坊たちは、最初からクラッカーを抱えこんでいたのではないかと思うかもしれない。しかし、彼女がクラッカーにおいしいという顔をすれば、赤ん坊は気前よくクラッカーを彼女にあげている。

このブロッコリーとクラッカーの実験から、ゴプニックは生後18カ月の赤ん坊は他人と共感する力を持っていて、生後14カ月の赤ん坊には、その力がないことを証明したのである。

生後18カ月の赤ん坊は、我がままに反応することもなく、自分たちが好きなゴールドフィッシュのクラッカーを彼女にあげたし、けち臭くクラッカーを貯め込むようなこともしなかったのである。その代わりに、ゴプニックがおいしいという表情をしたほうの食べ物をあげたのである。このような実験から、赤ん坊がどのようにものを考えるのかについての新しい発見をするための道を切り拓いたのである。

ゴプニックの発想は、私が今までに検証してきたものと同じ考え方である。彼女は予期しなかったアイディアを閃くことになり、彼女の研究活動に関連づける方法をすぐに思いついたのである。

つまり、**自分が取ることのできる行動を広げて新しい発見をもたらした**のである。

先の山本大将の場合は、ターラント海戦から、どうやってアメリカ艦隊を無力にするのかについてのつながりを見抜く力を発揮した。同様に、ゴプニックは2歳児の息子が発した言葉から、出来事のつながりを見抜く力を働かせることができた。

このように、「見えない問題を見抜く力」というのは、物事を成し遂げ、かつ目標を高めるためのより効果的な方法を示すのである。

❖「進化論」を決定づけた、ある論文の存在

チャールズ・ダーウィンが南アメリカ大陸沿岸の地図を作成する任務のためにビーグル号に乗船して旅立ったのは、彼がまだ22歳、ケンブリッジ大学を卒業したばかりの頃だった。

ダーウィンの父親は、エジンバラ大学医学部の授業には無関心であった彼をケンブリッジ大学に

転校させた。そのケンブリッジ大学で、彼の好奇心をとらえることになったテーマは、自然史であった。

ダーウィンは甲虫《こうちゅう》類についてのいくつかの発見をしており、著名な植物学教授であるジョン・ヘンズローの弟子になった。そして、大学を卒業して我が身を固める前に、彼は数年の年月を費やして、自然史の中でも自分が長い間興味があったことを追究しようと決断をした。

そこでヘンズローは、ビーグル号の無給博物学者という地位をダーウィンに与え、ビーグル号の船長の話し相手も兼ねながら、調査旅行へと旅立った。

この調査旅行は1831年から1836年までの5年間続いた。ダーウィンは、地域で異なる動物の種を観察することに主に時間を割いていた。それは、自然のあらゆる奇妙な現象に遭遇することになり、彼の好奇心を満たす時間となった。

船が初めて停泊することになったアフリカ大陸にあるカーボベルデで、ダーウィンは高い絶壁にくっついていた貝殻を発見した。パタゴニアでは、絶滅していた巨大な哺《ほ》乳《にゅう》類に属する化石の骨を発見した。ガラパゴス島では、隣の島の鳥とは種類が異なるマネシツグミを発見した。

彼は、農夫や鳩を飼育している人たちが、交配をしながらを計画的に育てていることを知っていた。なぜ、自然界でもそのようなことが起きるのだろうか？

その後、1838年9月、ダーウィンは人口の増加と競争の原理について書かれたトマス・ロバート・マルサスの『人口論』を読んだ。マルサスの論文は、40年前に書かれたものであったが、それによると人口の増加は食糧の供給量を超え、その獲得をめぐって競い合うまで続くと主張してあった。

ダーウィンが気づいたことは、このことが、彼が観察してきた種の多様性を説明するものであるということであった。競争の原理において、生き残るために有利な生物がランダムに誕生して自然界で選択され、不利な性質なものは淘汰《とうた》される。有利な性質を持つ生物種はより生存し、子孫を残し、その性質が子孫に遺伝し、不利な性質の生物種は消え失せる。農夫や鳩を飼っている人が意図的に種を選んで交配していることを、自然界においても自発的に行われていることに気がついたのである。

この結果によって、盲目的多様性と選択的保留についてのダーウィンの「進化論」が考案されたのである。盲目的多様性とは、ある種の個体における大きさや色という身体的特徴の自然発生的な性質を意味する。選択的保留とは、仮にある性質が生存に適したものであるのならば、その個体が保持しているその性質によって生存する確率は高まり、その性質が子孫に継承されることを意味する（1871年に、ダーウィンは性選択や交配選択についてもつけ加えている）。

ダーウィンは、マルサスの論文を読むことで、自分の観察結果のすべてに当てはまる不明な点が解決したのである。

ほぼ同じ時期に、イギリスの博物学者で、アルフレッド・ラッセル・ウォレスもマレー諸島へ現地調査に行っていた。彼らもまた、「進化論」についてダーウィンと同じような考えを持つようになっていた。ウォレスもマルサスの論文を独自で読み、刺激を受けていた。ダーウィンとウォレスのそれぞれが、種はどのように進化するのかを調査していたのである。彼らは自分たちのアイディアを、競争の原理というマルサスの理論に最も適切に当てはめようとしていた。2人は共に、**他の人がやらないような方法で一連のアイディアをつなげていた**のである。

そして、2人とも博物学者としての経験を積み重ねていた。彼らは異種間の多様性だけでなく、特定の種における個体の多様性についても観察している。彼らは、個体の違いによって盲目的多様性と選択的保留が起こるための基礎を理解することができたのである。

当時、多くの人々がマルサスの本を読んでいた。ダーウィンは第6版を読んでいた。しかし、ダーウィンとウォレスのみがマルサスのアイディアをどのように進化論に適用するかについて思いついたのである。

これは、新しいアイディアを生み出すために「出来事をつなげる」というやり方をとっている。このように、発見をした人々は**いくつかの新しい情報を獲得し、他の情報と組み**

合わせることで新しいアイディアが閃いている。時には、人は新しい情報がなくても、異なる種類の情報を組み合わせる新しい方法を見つけることができるのである。

❖「出来事のつながりから見抜く方法」だけでは解けない謎

出来事のつながりを見抜くという方法は、私が探究していた疑問への回答のようにも思えた。それは私の事例のうちの82パーセントを占め、全120の事例のうち98がこれに該当したからだ。

また、事実についての個々のつながりが潜在意識レベルで1本の流れになって、ついには意識レベルでアイディアとなって表れるという、あのグレーアム・ウォーラスの考えにも適合した。

この方法は出来事のつながりを発見することから、「見えない問題を見抜く力」についての明確なイメージを示してくれるものだ。そして、私たちは新しい事実のつながりをもたらすかもしれない、多くの異なるアイディアに触れることで「見えない問題を見抜く力」を高めることができるということを示している。

それゆえに私は、パフォーマンスを向上させる上への矢印についてより詳細な情報や、矢印の力を高めるには何をすることができるのかについて知りたい人々に対して、ある一貫した回答を見つけたことになったのである。

しかし依然として、出来事のつながりを見抜くという方法が、「見えない問題を見抜く力」を解明するものだと結論づけることはできなかった。事実、私にはこの方法について思い留めている点がいくつかあった。

「見えない問題を見抜く力」は、単に点としての出来事をつなげることだと提案し、真珠湾の奇襲攻撃を指揮した山本大将、赤ん坊が未発達で未成長であるということを覆したゴプニック、そして「進化論」を発表したダーウィンの事例は、いずれも出来事のつながりを見抜いたように見えるが、私はこの「点をつなげる」という比喩《ひゆ》を好まない。

なぜなら、私は**「起きていない出来事をつなげる」ということは論じていない**からである。関係のない出来事をつなげるというのは話の進行を遅くするものであるが、あらゆるアイディアを出すうえで重要な部分である。それは、どの点とどの点をつなげるかという意味である。

もし私たちが関係ない点を除き、曖昧な点を明確にし、異なるように見えるが、実際は同じである点をグループ化するのならば、誰でも点と点をつなげることはできる。もしすべての残されている点が独特で、妥当な一連の点であるのならば、点をつなげる作業はより簡単になる。しかし、もし曖昧な点を残すのであれば、点をつなげるのは紛らわしくなる。「点をつなげる」ということは、出来事を理解したり、アイディアが閃くということにとっては、取るに足りないものなのである。

ターラント海戦を真珠湾に結びつけるうえでの、いくつかの無関係な事実に注目してみてほしい。多くの関係のない点――無関係な情報――がある「出来事の矛盾」を検証してみよう。それは、ターラント湾港と真珠湾港の間の「相違点」を結びつけることができず、山本とシュタルクの「見えない問題を見抜く力」が抑圧されてしまった事実のことである。

狙いを定めるうえでの問題点から考え始めよう。ターラント海戦の場合、イギリス海軍のいくつもの戦艦はすでに地中海に侵攻していた。真珠湾を攻撃するのに、日本海軍は1隻の戦艦の代わりに、巨大な護送船団――少なくとも6隻の航空母艦――を必要としていた。

この護送船団は、敵に察知されることなく、6400キロメートルほど侵攻することができた。それだけの距離を移動するのに、航空母艦と戦艦から成り立つ護送船団（その規模は、実際の真珠湾攻撃の30倍もの規模に達する）は、燃料の再補給をする必要があった。イギリス海軍の場合、ターラント海戦において燃料の再補給の心配は必要なかった。しかし、同じ時期において、日本海軍は真珠湾への6400キロの進攻をするのに燃料を再補給する能力がなかったのである。

次に、悪天候という問題についても考慮したい。イギリス海軍はタ一ラントでの天候を心配していなかった。スウォードフィッシュ爆撃機がイタリア艦隊に到着するまで、2時間ほどの飛行時間ですんだからである。もし、日本の護送船団が太平洋の嵐の中で到着し、1機も爆撃機を飛ばせられなかったらどうするのだろうか？　現代の気象予報士でさえもそのような長期にわたる天気予想を正確に予報することはできないのである。

日本の艦隊が真珠湾に到着するとしたら、タ一ラント海戦でイギリス海軍が体験した以上の厳しい攻撃に耐えなくてはならなかっただろう。日本軍の接近を察知した場合に備えて、猛反撃をする爆撃機を準備していたはずだ。

また、イギリス海軍は夜間にイタリア海軍を攻撃したが、日本海軍は精密機器を保有しておらず、昼間に攻撃せざるを得なかっただろう。タ一ラント海戦のあと、確かにアメリカ海軍は偵察機を真珠湾近辺で飛行させる指令を出していた（実際には、アメリカ軍は偵察機の飛行を停止させていて、その理由も軍事訓練の邪魔になるからという理由であった）。

また、タ一ラント海戦後、アメリカ海軍はおそらく爆撃防衛網を張る予定で、日本軍からの主力攻撃を弱めるはずだった（すでに記したように、アメリカ海軍司令官は防衛網を張ることをせず、その理由も真珠湾の水深が浅いことから守られると思っていた)。以上、これらが関係のない事実である。タ-ラント海戦のとき、日本海軍はあのような浅い水深でも爆撃機攻撃を成功させられなかっただろう。真珠湾においても日本海軍は爆撃機の攻撃を成功させるにはかなりの努力が必要になった。

関係のない事実と相反する事実をつなげようとするとき、タ-ラント海戦と真珠湾攻撃の関連性はそれほど明確なものではない。私たちはタ-ラント海戦の出来事に注目し、それから日本海軍が真珠湾で同じことをすることは容易であったとは、もはや結論づけられない。

私たちは相反する事実を模索してみることで、山本とシュタルクが無関係で詳細な情報に注意が散漫することもなかったことに、高く評価できるのかがわかるのである。2人は、タ-ラント海戦から根本的な教訓を学んでいた。その教訓とは、海軍の艦隊は空からの攻撃に弱いということであり、タ-ラント湾や真珠湾のように、戦艦や巡洋艦を1カ所に停泊しておくことは恰好《かっこう》の標的になりやすいということである。

アメリカ海軍兵の多くは、「アメリカ海軍の戦艦は真珠湾に『守られている』ので、自分たちの戦艦が日本海軍の標的として認識されるのが難しい」という考えに固執していた。出来事を関連づける方法は、事実である点と点をつなぎ合わせる以上の効果がある。それは、私たちの考え方を変える方法も含まれるのである。

私たちは、「出来事の矛盾」や「やけっぱちな推測」といった、「見えない問題を見抜く力」を高めるための別の手段が、出来事をつなげる方法と同じくらいに、私たちの思考に刺激を与えるのかについても検証する。

出来事のつながりという方法については、120の事例のうち98も当てはまったが、私が当初お見せした統計は誤った情報であった。データを分析していくうちに、それ以外の「見えない問題を見抜く力」のための方法が見つかったのである。

私は5つの種類のそれぞれを分析してみたのである。その方法がチャプター2で述べた「出来事のつながりから見抜く方法」「出来事の偶然の一致から見抜く方法」「好奇心から見抜く方法」「出来事の矛盾から見抜く方法」「絶望的な状況における、やけっぱちな推測による方法」である。

私たちのアイディアのほとんどが、こうした方法の混合によって生じている。出来事をつなげる方法に関する98の事例のうち、この方法だけによって問題解決をしたものは45のみであった。それ以外の53の事例では、出来事をつなげる方法と、1つかそれ以上の方法の組み合わせによるものであった。それゆえに、私たちは**「見えない問題を見抜く力」が、**

出来事をつなげることで働くと単純に結論づけるのはあまりにも早すぎるのである。

ミステリー物語で、あなたが1人目の容疑者らしき人物に遭遇したからといって、そこで推理を打ち切ってしまわないのと同じように。

CHAPTER 4

偶然の一致と好奇心から見抜く方法

❖問題解決に無視できない、偶然の一致

何か出来事の偶然の一致に気がつくとき、私たちは、それがなぜそういう結果になったのかわからないかもしれない。偶然にそうなったのか、それとも物事の流れの中にあるより根本的な行動パターンの結果なのか。偶然の一致を観察するということは、明らかな因果関係がないと思われる出来事にしても、それらを見極めるということである。

出来事の偶然の一致とは、無視されるはずの出来事が同時に生じることである。ただし、それは新しい行動パターンについて早い段階で注意を促してくれるような出来事を除いてである。

ゴットリーブが、免疫系が損なわれている2人目、3人目の患者をたまたま診察していたとき、彼はそのような出来事の偶然の一致を無視したかもしれない。しかしそうではな

く、彼はこのことを不思議に思ったのである。

何かおかしなことが起きている、その何かとは彼がわからないことである。そして、彼はさらに注意深く診断することが必要になった。自分の患者たちが互いに何か関係があったとは思ってもいなかった。しかし、患者の症状における偶然の一致は重要なことのように思えた。

その偶然の一致とは、患者は皆、同性愛者だったということである。こうした出来事の偶然の一致が物事のパターンに変わった。そう、エイズという致命的な病気のパターンである。

私たちは、偶然の一致や十分によくわかっていない物事のつながりを、その関係性を明確にしないまま意識しがちである。物事の傾向を見つけ出すことができる、パターンを見分けられる、不規則性を疑問に思える、また、偶然の一致に気がつくことができる人たちは、問題解決において重要な人材である。

そういう人たちの「見えない問題を見抜く力」は、しばしば見誤るかもしれない。それゆえに、彼らの自信あり気な態度をすぐに信用できるものではない。それでもやはり、彼らの言うことに冷笑するのではなく、耳を傾けるべきである。なぜなら、彼らは何かの心当たりがあるからである。

当初、私は自分の研究の事例の中で、偶然の一致によってもたらされた出来事がどれであるのか、よくわからなかった。そういう偶然の一致が、より良い結末にすぐに結果として現れているわけではなかったからだ。その代わり、**偶然の一致は、その当事者が心に抱いた最初の段階から彼らを自由にしている**のである。

私は、こうした偶然の一致を「見えない問題を見抜く力」とみなすことにしたのである。なぜなら、この偶然の一致は、私たちを最終的により良い方向に導いてくれるものだからである。

ここで偶然の一致により、ノーベル物理学賞にまで至ったという事例がある。

20世紀における最も偉大な天文学的発見

ジョスリン・ベル・バーネルは、アイルランド人天文学者で、彼女の父はベルファスト南西部にあるアーマー天文台の建築家であった。彼女は7歳か8歳のときから、父に連れられて天文台の点検にやって来ていた。

10代の頃、彼女は天文学に興味を持つようになったが、一晩中起きてデータを収集しなくてはならない天文学の世界に自分が進むことは想像もしていなかった。彼女は寝ることがとても好きだったからだ。

その後、彼女は電波天文学やエックス線天文学というものがあることを知った。この学問は、日中でもデータを収集できる。それゆえに、彼女は大好きな睡眠を奪われることもなく、データを集めることができたのである。

1960年代後半に、バーネルがケンブリッジ大学の天文学の大学院生のとき、約4キロ四方の広さで、約193キロ先に電波が届くケーブルがついた電波望遠鏡（第2次世界大戦で使われたレーダーを改良したもの）の製作に携わった。データは、動く記録紙上にペン型のレコーダーによってくねくね曲がった線が記録される。

クエーサーという、宇宙の遠く離れた場所で多くのエネルギーを放出する物体がある。これを発見するために彼女が修士論文を書き始めたのは1968年、23歳のときであった。データを分析するときには、クエーサーによる振動曲線と、無線干渉の他の原因によって生じる波線を区別しなくてはならなかった。

そのとき、バーネルは異なる振動曲線に気がついたのである。そのときの出来事を、彼女はこう語っている。

「意味がないように見える小さな波線がありました。それは121メートル四方が記録紙に映る2・5センチの4分の1くらいの大きさでした。それを初めて見たとき、私は疑問に思いました。でも、人の脳というのは、かつて記憶していたものを自分が認識していないということを思い出すものです。4、5回目に、このような信号が頭に思い浮かんだのです。私の脳が『あなたはこれと似たようなものを過去に見たことがある』と語り出したのです」

この新しい信号を広げて検証するために、彼女は記録紙上にある振動曲線を2・5センチの4分の1以上の大きさのものにしなくてはならなかった。彼女は記録紙のロールを、1日のうちある特定の時間帯で5分間ほど高速で回転させ、それから元の速さに戻すという作業を繰り返した。記録機を1日中高速で回し続けると、記録紙を浪費してしまうからだった。

こうした地道な作業を1カ月あまり繰り返し、ついにバーネルは新しいタイプの信号を見つけたのである。驚いたことに、突発的に生じる集中的な振動は、通常の振動期のものとは違って見えた。しかし、なぜそのようなことが起きたのか、また、記録機に何か異常があるのではないかと心配した。しかし、メンテナンスの技術者も確認したし、ワイヤーが混線しているわけでもない。何かによって干渉されてはいないし、人工衛星や建築物から反射した信号でもない。

それは何だろうか？

この信号は、1・339秒ごとの非常に規則性のあるものであった。その後、彼女は天空のまったく異なる場所を眺め、再び何かの異変に気がついたのである。再度、彼女は天文台に登り（このとき、午前2時)、記録紙を高速で回した。

「それから、ピッ、ピッ、ピッと音がして、このとき、1・25秒経った時点で、天空の違う場所を示していました。それは私にとって甘いひと時でした。それが私の『わかった!』という瞬間でした」

最初の一連の短い不規則な振動曲線は異変ではなかったのである。その後すぐに、彼女は3番目と4番目のサンプルを見つけたのである。

大学院生であったが、バーネルはパルサーを発見したのである。それは高速で回転する中性子星であることを、現在、私たちは知っている。中性子星は、超新星が炸裂《さくれつ》した残骸《ざんがい》で非常に重量があるがとても小さい。太陽と同じくらいの重量であるが、約19キロほどの幅しかない。

バーネルと彼女の指導教授アンソニー・ヒューイッシュが、この発見を発表して間もなく、世界中の電波天文学者たちがパルサーを探すために装置を調整し始めた。それは、ちょっとしたゴールドラッシュのようであった。この発見に関する論文の主筆はヒューイッシュ教授で、1974年、パルサーの発見の第一人者ということでノーベル賞を受賞している。

ノーベル賞委員会は、バーネルを受賞者に入れなかったということで批判にさらされた。なぜなら、バーネルはそれ以前に数多くの賞を受賞していたからである。人によっては「ノー・ベル(ジョスリン・ベル・バーネル、つまりベルのいない)賞」と呼んで揶揄《やゆ》した。

ある著名な天体物理学者は公の場で彼女に、「ベルさん、あなたは20世紀最高の天文学的な発見をしたのですよ」と告げている。バーネルはこのことに関して機転を利かせ、ノーベル賞が研究生に受賞されるのは例外的な場合に限って授与されるべきで、自分が発見したパルサーについては、そのうちの1つに相当しない、と述べたのである。

バーネルの「見えない問題を見抜く力」は、偶然の一致、それもペンとインクによる記録用紙上の異常な振動曲線に気がついたときから始まった。

彼女は、似たような突発的に生じる集中的な振動をかつて見たことがあることを思い出した。それから、天空の他の場所からの同じ種類の信号を手に入れたとき、別の偶然の一致を発見したのである。こうした信号を**「単なる偶然の一致」として見逃すというよりも、そこに狙いを定めた**のである。

バーネルの事例は、少数の患者に見受けられた通常とは違う症状を察知したというゴットリーブの事例に類似する。その当時、誰もがエイズについては何も知らなかった。バーネルがパルサーを観測していたということを知ることができた以上には、ゴットリーブの患者がエイズであることを見抜くことができなかったかもしれない。バーネルとゴットリーブは、自分たちが新しい出来事の偶然の一致について調べてみることで何か役立つことを発見できるかもしれないと、感じただけである。

偶然の一致で注目することは、動物の足跡をハンターが見つけるようなものである。偶然の一致は、人々が証拠を探し出すための方法へと導く。

バーネルが不思議な振動曲線に興味を持ったとき、彼女は自分の生活スタイルを変え、睡眠時間を削り、天文台に登り、必要な時間帯に記録用紙のロールの回転を変えた。その異常な振動曲線の詳しい情報が手に入ると思ったからである。

出来事の偶然の一致は、**私たちの理解を変え、私たちが気づくものも変え、私たちが興奮するものも変え、そして、私たちを発見への道筋に乗せてくれる**のである。

出来事の偶然の一致は、私たちの行動も変える。出来事の偶然の一致を見抜く方法とは、私たちの思考パターンを壊して変えなくてはならないときに、アイディアを提供してくれるのである。

好奇心から見抜いたさまざまな発見

私の研究の後半で、3番目の「見えない問題を見抜く力」が現れた。

好奇心のことである。人がいくつかのアイディアを頭に思い浮かべるのは、1つの出来事がきっかけとなり、また「今、何が起きているのだろう？」と反応したくなるような観察からである。

こうした好奇心をそそるような調査によって、人は素晴らしい発見をするのである。よく知られた事例の1つとして、フレミングが病気と闘う物質「ペニシリン」を偶然にも発見したことが挙げられる。

1928年、アレキサンダー・フレミングは、培養皿に繁殖していたはずの黄色ブドウ球菌がアオカビの周りだけ消えていたのに気がついた。フレミングは培養皿の中で黄色ブドウ球菌を培養したまま、1カ月間家族と休暇をとって放置していた。

彼が休暇から戻ると、培養皿の1つにカビが生えているのに気がついた。すると奇妙なことに、カビの近くの黄色ブドウ球菌がすべて消えていたのである。その一方で、カビに触れていない黄色ブドウ球菌は普通に繁殖していたのである。

フレミングは、特に異常な点を予期していたわけではなかった。普通ではない1枚の培養皿を発見しても、彼は「ああ、面白いものだ」とつぶやいただけであった。フレミングはカビを培養し、そのカビから細菌感染に抵抗し、彼がもともと「カビ汁」と呼んでいた、ブドウ球菌や他の細菌を殺す物質を発見したのである。その後の研究によって、ペニシリンという世界初の抗生物質が発見されたのである。

出来事の偶然の一致を見抜くこととまさに同じように、人々は好奇心につられてさらに物事を知ろうとする。だからと言って、「今、何が起きているのだろう?」という反応自体に「見えない問題を見抜く力」が働くわけではない。

しかし、それは人がアイディアを生み出すプロセスの始まりとなるのである。

好奇心は、偶然の一致と次の点で異なる。**好奇心とは同じパターンが重複することよりも、ある1つの出来事や観察によって引き起こされる**ということである。

レントゲンがエックス線を発見することができたのも、彼の好奇心からであった。

ヴィルヘルム・レントゲンは陰極線(注:放電現象に見られる電子の流れ)を研究していた。彼は装置から漏れる光線を抑えるために厚紙で器具を覆っていた。ところが、その装置から陰極線を流したときに、漏れる光線を厚紙で覆っていたのにもかかわらず、部屋の中に吊るしていた白金シアン化バリウム製のスクリーンが輝いていたことに気がついた。

奇妙な出来事だった。そこで、彼は調査を中止して、それが何であるのかを詳細に検証することにした。数週間後、レントゲンは、その現象が陰極線によるものではなく、新しい形態の光線、エックス線によるものだと考えた。

1895年にエックス線が発見された当時、物理学者たちは可視光線、赤外線、紫外線といった種類の放射線を理解していた。そこにエックス線がリストに加えられることになったのである。しかし、最初からそうはならなかった。エックス線は疑惑の目で受け止められたのである。イギリスの物理学者であるケルヴィン卿は、エックス線の発見を巧妙にでっち上げられたインチキだと非難した。なぜならば、すでに数多くの人々が陰極線の装置を利用していたからである。仮にエックス線が存在したのであれば、確かに他の人々もその存在に気がついていたに違いなかった（ある研究者がその光線に気がついたが、それを説明しなかった）。

しかし、その疑惑もついに晴れて、1901年、レントゲンは最初のノーベル物理学賞を受賞したのである。

トランジスタも好奇心から発明されたものである。

1940年代初頭に、ベル研究所のエンジニアであったラッセル・オルが、シリコンを利用することでラジオの電波受信を改良しようとしていた。

ある日彼は、ひびが入っているシリコンをうっかり使ってしまった。そのとき、奇妙なことが起きたのである。シリコンが光に照らされたとき、ひびの間に走っていた電流がピョンと跳ねたのである。

このことがオルの好奇心に火をつけた。彼が発見したことは、ひびはシリコンの中にある2つの混合物の間を区分する線だったということである。彼はさらに実験を繰り返すことで、混合物がその間に流れる電気の流れにどれだけ抵抗するのかを証明した。その後、彼の発見はトランジスタやすべてのダイオードの開発に結びついた。オルは初のシリコン太陽電池となるダイオード研究の基礎を確立したのである。

私の事例には、好奇心によるものは9つしかなかった。これは出来事の偶然の一致よりも少なかった。つまり、私たちは好奇心によって何かの問題に巻き込まれることも少ないということである。もし好奇心によって私たちに何も生じないのであれば、好奇心を抱くことは時間の無駄ということになるのである。

偶然の一致がもたらす危険とは？

私たちは出来事の偶然の一致が原因で誤解してしまう場合がある。つまり、自分たちの発見を物事の偶然の一致に適合しようとするのである。物事のつながりに敏感で、ときどき、あまりにも敏感すぎてしまい、現実ではない出来事のつながりも見てしまう。

それゆえに、私たちは「単なる偶然の一致」に疑い深い見方をするのである。「見えない問題を見抜く力」は、単に偶然の一致に気がつくだけに頼ることはできない。それは個々の出来事のつながりではなく、その人が気づいた個々の出来事の偶然の一致に注意を払っているのである。

そうした人々の成功とは、重要な意味があるかもしれないと思われる出来事の偶然の一致を見抜く力に依存していたと言える。仮に、その偶然の一致にどのような意味が込められていたのかということを、彼らがまだ気づいていなかったとしてもである。

このチャプターにおける、出来事の偶然の一致を見抜くことに関するすべての事例では、背景知識と経験がある人たちが、ある出来事の偶然の一致について重要かもしれないと判断したという内容のものである。

人はある対象について典型的なものだと思う感覚を持つことで、かえって意義深い結果をもたらすかもしれないし、普通ではない出来事に対して疑問を抱けるようになる。

私たちは物事を関連づけられる機械のような存在で、出来事がもっともらしく見えるときでさえも、その異変にいつでも気がつくことができる。そして、多くの出来事がもっともらしく見えるものである。

したがって、私たちは**確信する以前に、出来事の偶然の一致について確証するように論されている**のである。私たちは証拠となるものを集めることで、偶然の一致がうわべだけのものではないことを確証する必要がある。もし確証に失敗するのであれば、偶然の一致という項目を削除しなくてはならない。

私たちが何かのミスをすることを恐れているのであれば、パフォーマンスを向上させる上への矢印と、ミスをなくす下への矢印の図を思い出していただきたい。偶然の一致を確証するためのアドバイスは、自分の態度を示す矢印が下へ向き気味な人や、ミスを犯すことに耐えられないような人に期待できるものである。

ところが、偶然の一致を念入りに確証するべきだというアドバイスは、私たちが物事を確証する能力に過剰な信頼を置きすぎることになるのである。

私たちが、偶然の一致を否定することにのめり込んでしまう以前に、物事を慎重に検証することに限界があることを示すいくつかの事例を考察してみよう。反証が目の前に示されているにもかかわらず、観察した偶然の一致を信用するように自分たちを正当化してしまうからだ。

自分で自分を胃潰瘍にして事実を証明する

バリー・マーシャルという、オーストラリア人医師がたどった奇妙な体験談がある。

彼は、1982年にピロリ菌の慢性感染は胃潰瘍《いかいよう》になるという事実を発見してから10年もの間、医学界から疎外されてきた人物である。

マーシャルがこの事実を発見するまで、医学界では胃潰瘍はストレスが原因で生じると信じられてきた。医師たちは、1999年までマーシャルによる「ヘリコバクター・ピロリによって胃潰瘍と胃ガンが生じる」という主張を却下してきた。

マーシャルの研究成果によって、今まで胃の下の部分を3分の1切除することで胃潰瘍の治療をしてきた医師たちは、細菌の感染をなくすために、単に抗生物質を投与するだけになったのである。

2005年、マーシャルはピロリ菌の発見によってノーベル生理学・医学賞を受賞した。授賞式のスピーチで、彼は歴史家のダニエル・ブーアスティンの言葉を引用して、「発見を妨げる最大の障害は、無知ではなく、知っているという錯覚である」と語った。

消化性潰瘍の中で穴が形成されるとき——胃潰瘍のことだが——食べ物の酸性物質が潰瘍の中に入り込み、それが痛みを起こす。いくつかの症例によっては、出血が生じた例もある。もし潰瘍が胃壁に穴を開けるのならば、胃の中の内容物が腹膜腔に流出し、患者は腹膜炎で死亡することもあり得る。

マーシャルの発見が受け入れられる以前は、医師たちは胃潰瘍を治療するのに2通りの方法をとっていた。1つは、胃の下の部分3分の1を手術で切り取り、小腸とつなぎ合わせる方法である。極端な方法ではあったが効果的であった。

当時、胃潰瘍の患者が多くいたことから、胃切除の手術はビッグ・ビジネスでもあった。ところが、手術を受けた10パーセントの患者は食欲不振となり、完全に回復しなかったのである。

もう1つは、制酸剤を投与する方法である。製薬会社は、抗潰瘍剤のタガメットやザンタックという制酸剤で年間数十億ドルほどの利益を得ていた。1980年代、アメリカ人成人患者のうちの3パーセントがタガメットを投与されていた。


1981年に、マーシャルは心臓外科および開心手術の経験をさらに積むための専門研修プログラム3年目を迎えていた。研究の学術基準を満たすために、彼は病理医であるロビン・ウォレンと研究を始めることになった。

ウォレンはマーシャルよりも2年早く、らせん状の形状をした細菌が胃の中で蔓延していることに気がついていた。その細菌は、強酸性な環境である胃の中で生き残ることができないはずだった。

しかし、らせん状の細菌は胃壁に感染するのである。

彼は、20人の患者の胃から細菌を発見していたが、診断した医師たちはガンに侵されていると判断したため、ガン細胞と思っていたのである。しかし、胃の中にガン細胞ではなくバクテリアを発見したのである。彼は、こうした偶然の一致に何か意味があるのかと考えた。

研究のため、マーシャルはこうした出来事の偶然の一致について調査することに賛成した。そして先の20人の患者たちに何か異常があるのではないかと調べていったのである。

患者の一覧名簿を眺めると、マーシャルは以前診察した女性患者の名前を見つけた。彼女は中年の女性で、吐き気と慢性的な胃痛を訴えていた。通常の検査結果からは何も異常が発見されなかったので、彼女は精神科に送られ、抗鬱《こううつ》剤を投与されていたのである。さらに、ウォレンの研究結果でも、慢性的な胃痛とらせん状の細菌の偶然な関連性が見受けられたのである。

また、名簿の中の別の80歳の男性患者は激しい胃痛を訴えていた。彼の場合、胃の中の動脈が狭まっていることが診断で判明した。彼はあまりにも高齢であったので、医師は手術ではなく細菌感染用の抗生物質を投与して家に戻したが、2週間後、彼はすっかり元気になったのである。

マーシャルは、この出来事の偶然の一致に出くわした。そして2人は、こうした出来事の偶然の一致をさらに検証することにした。最終的に彼らは、その細菌がヘリコバクター・ピロリであることを突き止めたのである。マーシャルは、過去の医学誌を1892年までさかのぼり、胃の中にある渦巻き状の形をした細菌に関するいくつかの論文を見つけたのである。

これらの論文が偶然にも一致している事実について言及している人は、それまでにいなかった。マーシャルとウォレンは、ヘリコバクター・ピロリが胃痛の原因ではないかと考えた。そこで彼らは、オーストラリア消化器学会の年次総会に自分たちの発見の論文を提出した。しかし、論文は拒絶され、1983年に受理されたすべての論文の中で下位10パーセントにランクされたのである。

しかし、マーシャルは簡単には落胆しなかった。彼は適切な研究のための計画書を作成した。それは十二指腸潰瘍100人の患者たちに臨床試験を実施するもので、患者の胃から採取した細胞を実験室で培養し、それがヘリコバクター・ピロリにどれだけ感染するかを数えてみたのである。

マーシャルとウォレンの仮説が正しいのであれば、胃潰瘍患者の大部分、否、おそらく全員の胃の中に、ヘリコバクター・ピロリが観察されるはずである。そのような結果が、潰瘍と細菌の関連性を証明することになるし、ストレスではなく細菌が潰瘍の原因であるという事実を立証することになる。

彼らは、調査のための研究資金を1年分だけ獲得し、1982年から研究を始めたが、最初の研究は失敗に終わった。なんと最初の30人の患者からヘリコバクター・ピロリが見つけられなかったのである。しかし、それには明らかな証拠があったのである。つまり、十二指腸潰瘍の患者はヘリコバクター・ピロリに感染していなかったのである。出来事の偶然の一致がいつまでも続くわけではなかったのである。

それでもマーシャルは研究を続け、ある事実を発見したのである。

ある日、検査室の技師たちからヘリコバクター・ピロリに感染した細胞を培養することができたという知らせを受けた。技師たちは、実験後2日間しか経っていない菌を処分していた。これは連鎖球菌に感染した菌を培養するときの手順で、2日後に処分する理由は、感染した連鎖球菌は綿棒から採取してしまうからである。

連鎖球菌は、感染した細胞の1日目に何かの変化が見られるが、2日目には口の中にある他の器官によって汚されるので、それ以上保存しておく意味がなかった。ところが、ヘリコバクター・ピロリは、連鎖球菌よりもゆっくりと感染するものであった。胃から採取した菌は綿棒によって採取された菌とは違い、他の器官によって汚されていなかった。つまり、検査室の技師たちはサンプルを処分するのが早すぎたのである。

マーシャルにとっても、胃潰瘍で苦しむ世界中の人たちにとっても幸運だったのは、彼の病院での通常業務が乱されたことである。実験の途中、その病院で抗生物質に耐性を持つ細菌が確認され、感染エリア付近で勤務する職員全員から細胞を採取して検査することになったのである。

その結果、微生物検査室は、マーシャルが採取したサンプルを培養する時間すらなかった。細胞は木曜日に採取され、5日間もそのままにされたのである。それはヘリコバクター・ピロリが培養されるのに十分な時間であった。これこそが、検査技師たちがマーシャルに良い報告ができた理由だったのである。

最初の6カ月間が無駄になってしまったマーシャルとウォレンは、技師たちにさらに細胞の培養期間を長くするように依頼した。そして、残りのサンプルで、どの患者にもヘリコバクター・ピロリが確認されたのである。

あとになって考えてみると、最初の30人の患者からのサンプルは無駄になってしまった。それは、ヘリコバクター・ピロリの感染が陽性と判明する以前に培養した菌を処分してしまったからである。

このような事例は、私たちは証拠に対して十分に信用しすぎるべきではないということを示している。仮にデータ資料を注意深く収集したとしても、証拠に影響、または悪影響を及ぼすすべての条件を知ることはないのである。

マーシャルとウォレンは、ヘリコバクター・ピロリと胃ガンとの関連性についても調査を開始した。誰でも、胃ガン患者は胃炎を病んでいることを知っている。また、ヘリコバクター・ピロリに感染していない人は胃炎にかかっていない。これは十分に説得力がある証拠となり得る。

彼らは、ヘリコバクター・ピロリは胃炎を生じさせ、それが時には胃ガンとなると推察し、潰瘍（そして胃ガン）はストレスではなく、ヘリコバクター・ピロリによって生じると主張したのである。

仮にそれが正しいのであれば、潰瘍は細菌感染を抑制する抗生物質によって治療するべきで、胃の3分の1を切除するものではない。しかし医学界は、マーシャルのことを冷たくあしらった。医学者たちは、ストレスが潰瘍の原因になると確信していたからである。

やけっぱちになったマーシャルは、究極の人体実験を行った。それも自分自身に対してである。彼は胃炎の患者からヘリコバクター・ピロリを採取し、それをスープの中にかき混ぜ飲み干したのである。

そして、数日のうちに胃炎が生じ潰瘍になった。5日後に彼が眠りから覚めると、トイレに駆け込んで嘔吐《おうと》した。10日後、彼は自分で自分の胃から細胞を採取し、ヘリコバクター・ピロリを培養したのである。彼は自分の身をもってヘリコバクター・ピロリが潰瘍の原因になることを証明したのである。

マーシャルはさらにデータを収集し続け、決定的な症例を発見した。しかし残念ながら、その後10年間も医学界は依然として彼の論文と証拠を拒絶し続けてきた。

その状況が完全に一変したのは、彼がアメリカに行って公の場で発表したときのことだった。『リーダーズ・ダイジェスト』や『ナショナル・インクワイアラー』の雑誌が、マーシャルが自分自身を実験台にした経験談に飛びついた。記事のタイトルは、たとえば「モルモットになった医者が自分を胃潰瘍にして、自分で治療した」というものだった。

彼の証明は科学的根拠に欠けるものではあったが、主張性があるものであり、食品医薬品管理局（FDA）と国立衛生研究所（NIH）が彼の主張に注目したのである。世間は、依然としてストレスが胃潰瘍の原因になるという考えを堅持していた。しかし、医学界はようやく胃潰瘍患者への胃摘出手術を止めるようになったのである。

この事例は、**証拠を収集することについて合理的に思える結論が、まったく理にかなったものではないかもしれない**ということを示している。

❖黄熱病の原因が1匹の蚊であることの証明法

ウォルター・リードは、黄熱病対策のためにキューバへと送り込まれた。そのとき、彼が認識していたことがあった。それは、不衛生な環境がこの病気の原因であって、最も確かなのは空気感染によって蔓延するという医学界の常識だった。リードの上司は、蚊によって伝染するという仮説は証明されていないので、心配するなと言って送り出した。

当時、スコットランド人のカルロス・フィンレーという医師が、キューバで何十年も研究を続けており、偶然なことから気づいた「蚊による伝染説」を唱えていた。クレックスという蚊（ラテン語で蚊という意味、現在ではヤブカと呼ばれている）が飛んでいるとき、そこに黄熱病患者がいたのであった。

その逆も然りで、クレックスが飛んでいないところに黄熱病は存在しなかった。蚊は極度に温度が低いといなくなり黄熱病は消滅した。逆に温度が上昇して蚊が出現すると病気が蔓延した。また、クレックスは高地での生息にも耐えることができず、高地で生活する人々が黄熱病にかかることはなかった。

それゆえ、1881年に、フィンレーは不衛生な状況や肉体的な接触によってではなく、蚊によって黄熱病が感染すると提唱したのである。

この蚊による感染説は、嘲笑《ちょうしょう》の対象となった。彼は「蚊男」というあだ名をつけられ、風変わりな考えに取りつかれた、頭のおかしい老人と呼ばれていたのである。それでも、フィンレーは自分の説を主張した。

彼は、黄熱病患者たちが蚊に食われたように、健常者であるボランティア治療に来ていた人たちに対して、蚊に食わせたのである。ところが、彼らの誰ひとり黄熱病にかからなかったのである。このことから、蚊による伝染説に懐疑的であった医学界は、誤りであると結論づけた。証拠は確かなものであった。

米西戦争が終結すると、アメリカ軍医をしていたウォルター・リードが、黄熱病の研究のためにキューバへ送り込まれたのである。それは1899年と1900年のことだった。

キューバで、彼は刑務所の牢獄の中で起きた奇妙な話を耳にした。そこでは囚人たちが同じ部屋の中で寝食を共にしていたのだが、そのうちのたった1人だけが黄熱病にかかったというのである。

悪臭立ち込める不衛生な牢獄であったが、誰も病気にかかっておらず、そこには小さな窓があり、蚊であれば余裕で入ることができた。

また、アメリカ南部で黄熱病の集団感染の報告があった。ミシシッピー州の公衆衛生医のヘンリー・ローズ・カーターは、伝染の潜伏期間に注目した。黄熱病患者が乗っている船がアメリカに到着した場合は国内でも患者が出た。しかし、2週間経っても、3週間経っても黄熱病の報告がなかったのである。

カーターは、新しいタイプの黄熱病の症状が発症するのに、12日間から21日間の潜伏期間を疑ったのである。彼は、船が港に到着したときに黄熱病にかかっていた患者たちは発症の段階であったと推察したのである。

その他の患者たちは、蚊に食われてから2週間後に黄熱病が発症していたのかもしれないのである。その蚊は船の中で最初の犠牲者となる人たちを刺し、次の犠牲者たちを刺す前に、蚊の体内で病気が熟するだけの十分な時間があった。2週間という期間は、黄熱病が蚊の体内で作られるための時間だったと考えられた。

カーターは、黄熱病患者が宿泊した宿を調査することで、自分の仮説を検証したのである。患者が黄熱病で倒れたあとの2週間に、その患者の宿を訪れた人々は健常なままであった。患者がすでにその部屋にいないのにもかかわらず、次の宿泊客がその部屋に入ると感染する危険性があった。

カーターが推論したこととは、もし蚊が黄熱病の感染性を持つようになる以前に潜伏期間が必要であるのならば、なぜフィンレーが蚊で黄熱病を人に感染させようとした試みが失敗に終わったかの説明がつくということであった。

幸運とも呼べる偶然から、カーターは港検疫官としてハバナに派遣されることになった。彼はリードに、潜伏期間の仮説の影響を与える機会ができた。そしてリードは、フィンレーによる蚊の仮説について検証し始めたのである。

リードがアメリカに帰郷している間、彼の2人の助手ジェシー・ラジアとジェームズ・キャロルが、自分たちを実験台にして検証を試みた。彼らは、黄熱病にかかっている人が蚊に刺されるようにし、12日間待ち、その蚊に自分たちを食わせたのである。

実験はうまくいった。しかし、ラジアとキャロルは黄熱病に倒れた。ラジアは症状が悪化し、彼は命を落としてしまった。キャロルは精神錯乱となったが、その後、回復した。リードが戻って来ると、キャロルは実験について報告し、クレックスが本当に黄熱病の感染原因であることを証明したのである。

この発見をするために、リードの研究チームは失敗したデータ結果（フィンレーが行った実験結果）と、誤った概念（蚊が病気の原因ではない）から自分たちの仮説を証明しなくてはならなかった。蚊による感染理論は、その妥当性の欠如という課題を克服しなくてはならなかった。1匹の蚊が大の大人を殺すとは到底考えられなかった。不衛生環境と悪臭によって黄熱病が発生するという瘴《しょう》気《き》説《せつ》という理論と戦う必要もあったのである。

胃潰瘍と黄熱病の事例から、いかに不備のあるデータから、本来正しいはずのアイディアでも「『誤っている』と立証されてしまう」ことが明らかなことがおわかりいただけただろう。私たちは証拠を考えることなく、偶然の一致を盲信するというバカげた立場をとるべきではない。しかし、証拠に対して盲信するべきでもない。証拠というのは、**私たちが見逃している可変的な諸条件によって塗り替えられてしまう**こともあり得る。

胃潰瘍と黄熱病の事例は、同時に「出来事の矛盾」というテーマも示している。マーシャルにしても、リードの研究チームにしても、誤解と事実との間の矛盾を解かなくてはならなかった。出来事の偶然の一致についての12の事例の中で、８つだけが出来事の矛盾に示されていた。

このことによって、私は次の鍵を探ることになるのである。

それは、どのようにして私たちの出来事の矛盾を見抜く力が働くのかという疑問である。

CHAPTER 5 出来事の矛盾から見抜く方法

「矛盾」は出来事の強力な引き金になる

私たちの矛盾した出来事を見抜く力は、「こんなものはあり得ない！」という感情的な反応を引き起こすものである。自分にとって無意味に感じられるようなアイディアが閃くとき、私たちには**不信感という反応がほぼ無意識のうちに生じる**のである。

この反応は、昔よくあったピンボールのゲーム台を激しく揺らしすぎるとメッセージ・ボードに「ティルト！」のメッセージが出てくるのと似ている（注：ゲーム台を揺らしてボールを操作すると、いっさいの操作ができなくなってしまう強制的なゲームオーバーの状態）。

私たちの精神状態に生じるゲームオーバーの反応は、出来事のつながりや偶然の一致を見抜く力とは正反対のものである。いくつかのアイディアがお互いにかみ合うことに反応するのではなく、その矛盾点に私たちは反応するのである。

出来事の矛盾を見抜く力が働くおかげで、私たちはより良い方向へ向かうことができる。今、自分自身に語りかけているストーリー（物事の流れ）に何か深刻な誤りがあるということを、出来事の矛盾を見抜く力が私たちに教えてくれるのである。

出来事の矛盾を見抜く力というのは、好奇心から見抜く力とは異なる。好奇心というのは、「何が起きているのだろうか？」と不思議に思わせる力のことである。それに対して、出来事の矛盾を見抜く力というのは、**「それが正しいはずがない」という疑問を持たせる力**のことである。

「見えない問題を見抜く力」の中で、出来事の矛盾に対して反応することがあることに、私も驚かされた。しかし長い間、私はそれを受け入れなかった。「見えない問題を見抜く力」の多くが、複数のアイディアをつなげることで発揮されることを私は認識していたし、また、出来事の一致する点や好奇心が湧くということに、人が注目することで話が進展していったことも私にはわかっていた。

その一方で、「見えない問題を見抜く力」が、出来事の矛盾に注目することで発揮されるとは思ってもいなかった。しかし、この矛盾を見抜く力については、全120の事例のうち45が当てはまったのである。

それらは通常、物事のプロセスにおいて主要な部分を占めていた。つまり、ゲームオーバーの**「ティルト反応！」**は「見えない問題を見抜く力」の強力な引き金になるのである。

サブプライム・ローンというアメリカ最大の矛盾

２００３年から２００７年の間に、住宅市場のバブルが膨らんでいったとき、「ティルト反応！」を示した投資マネジャーたちは、出来事の矛盾を見抜く力を働かせることができたおかげで、大きな利益を得ることができた。

それ以外の金融界の人間たちは、サブプライム・ローンや膨張する住宅市場にさらに投資し続けて陽気に浮かれていた。しかし、数人の投資家たちは「信じられない！」と語っていたのである。

彼らは、住宅価格があのような劇的な金利で上昇し続けるなど想像もできなかった。彼らは、アメリカは今にも弾けそうな住宅バブルで、今後苦しむことになるだろうと結論づけたのである。

投資マネジャーたちが、膨張する住宅バブルだけに気がついたわけではない。たとえば、シェイラ・ベアは、２００６年に連邦預金保険公社（ＦＤＩＣ）の長官に就任して間もなく、サブプライム・モーゲージ（住宅ローンの担保）の危険性について警鐘を鳴らした。

ある小さな金融研究グループのアナリストであるジョシュア・ロスナーは、2001年7月に発表した論文の中で、住宅価格がますます低下し、差し押さえ物件数が増加し続けるという悪循環が生じると予測していた。

ワシントンにある研究センターの共同ディレクターであるディーン・ベイカーは、2002年に投稿した記事に、住宅バブルが最終的に崩壊することによる破壊的な影響について言及していた。

これから挙げる5つの事例で、バブルが膨らむにつれて当事者たちが「ティルト反応！」させるに至った、それぞれの手がかりについて記述していこう。当事者たちが出来事の矛盾に気がついたとき、それぞれ手がかりが見えてきたというものである。


スティーブ・アイスマンはインサイダーであった。彼は法律の学位を取得したが、弁護士になりたくないと気がついてから、ウォール街の小さな投資会社であるオッペンハイマー社に入社した。

1991年、サブプライム・モーゲージの最初の買い手に未公開株式を公表するため、彼はオッペンハイマー社で主任アナリストとして任命された。2007年から2008年にかけて金融崩壊が起こる時期まで、アイスマンは10年以上もサブプライム・モーゲージの企業対策を専門としていた。

彼は傲慢《ごうまん》で、自分の意見に固執する性格で有名だった。アイスマンは当初、サブプライム・モーゲージの金融市場を支持していた。しかし、見せかけのローン取引を目の当たりにして考えが変わった。

アイスマンがこの取引に注意を促したとき、誰も彼の話を聞こうとはしなかった。しかし、1990年代後半にサブプライム・モーゲージの金融市場が崩壊の兆しを見せると、彼は自分の正当性を証明することになった。

金融市場の崩壊によって、多くのサブプライム・ローンの借り手が破産に追い込まれた。そうした人たちは教訓を得て、将来、支払いを続けられるための最低限の経済力がある人たちにモーゲージを譲渡することに慎重になるだろうとアイスマンは期待したのである。

しかし、そうはならなかったのである。2005年までに、サブプライム産業はかつてないほど成長したのである。アイスマンは再度、住宅ローンの滞納率が上昇し、ローンの信用度が低下していることに注目した。

ところが、金融機関は返済能力がない住宅所有者たちに金を貸し続けたのである。そうした住宅所有者たちは過去のローン返済の滞納率が高く、貸し手が融資の審査基準を一層厳しくしていたのにもかかわらずである。

2005年、金利が上昇していて、需要の熱がすでに冷めているという事実があったのに、サブプライム・ローンの成長率が上昇し続けていたことにアイスマンは気がついた。

1990年代後半にサブプライム・ローンのバブルが弾けたとき、貸し手が破産することになったのも、彼らは信用できない借り手から不良債権を作り、ただ過剰なだけのローンを貸付記入帳に残したままだったからである。

不良債権を生み出さないことを学ぶ代わりに、サブプライム産業は不良債権になるリスクのあるローンを貸付記入帳に残さないことを学んだのである。そうした企業は、ローンをウォール街の銀行に売却し、その銀行がローンを債権としてリパッケージ債にし、リスクをカモフラージュする方法を見つけ、軽率な投資家たちに売ったのである。

こうした状況が過熱している状態に対して、アイスマンが「ティルト反応！」を示したのである。

彼が格付け会社を調査したとき、そうした債権はより高い評価を受けていた。彼が格付け機関スタンダード&プアーズの代表との会話で質問したことは、「不動産価格の下落は債務不履行率に対してどのような影響を与えるのか」ということだった。

代表が何も回答することもなかったのも、この格付け機関が住宅市場のために活用していた金融モデルは、マイナスの数字を受け入れることができないからであった。アナリストは、単に住宅価格は常に上昇することを見込んでいたのである。

そのときすでに、アイスマンはヘッジファンドを始めていた。彼は、サブプライム市場が再び膨らむことを確信し、市場が空売り状態になり、ウォール街にいる欲に目がくらんだ連中から利益を巻き上げるための方法を見つけ出そうと決心したのである。

ジョン・ポールソンは伸び悩むヘッジファンドだったが、サブプライム市場で世界最高額の150億ドル以上も稼ぎ出した人物である。彼はアイスマンとは違って、彼の仲間パウロ・ペレグリーニと一緒に、住宅やサブプライム市場におけるアウトサイダー的存在であった。

彼らがサブプライム市場のトレンドに注目したとき、「ティルト反応!」があったのである。金融商品の値段が実質価値よりも上昇したとき、賢い投資家たちは自分たちの利益を確定するために持ち株を売却する。しかし、価格が明確な理由なくして上昇し、上昇率それ自体も上がったときに、供給と重要との関係で矛盾が生じている可能性がある。

投資家たちが上昇トレンドが続くことを予期することで、需要それ自体がさらなる需要を生み出し、それゆえにバブルが発生していたかもしれないのだ。

2005年、ポールソンとペレグリーニがサブプライム市場における成長率についての数字を検討したとき、不動産価格の上昇が維持されることはないという結論を導き出した。

しかし、業界全体としては、継続する価格上昇に依存しており、価格が下落する理由はなかった。もし価格が下がったならば、バブルはすぐに弾けていただろう。

2人にとっては、不動産価格が劇的に上昇し続けるという市場における通念と、住宅価格がいつまでも上昇し続けないようにする経済の力の間に生じた矛盾が見られるということであった。問題は、バブルが「弾けるのか否か」ではなく、「いつ」バブルが弾けるのかということだけであった。

マイケル・バリーという人物も、大手金融業者を疑う挑発的なアウトサイダーであった。

バリーは、逆張りの投資家（注：大多数の投資家と反対の動きをする投資家のこと）として、他の投資家よりも、このバブルに早くから注目していた。

彼はアスペルガー症候群で友人ができない一方、学力はずば抜けていた。彼は大学を卒業すると医科大学院に入学し、1997年に医学博士号を取得している。スタンフォード大学病院で研修医だった頃、彼は出会い系サイトで若い1人の金融専門家に見初められ、2人は知り合って3週間で結婚した。出会い系サイトの自己紹介文で、医学部入学で15万ドルの借金があると書いた誠実さゆえに気に入られたようだ。

バリーは、医学部が楽しく感じられず、また多額の借金の問題もあった。まさにそれまで趣味としていた株式市場の動向を見ることを実業にしたのである。

バリーが29歳のときに、妻とバリーの家族は、金融投資を始めるための資本金を彼に提供した。そしてすぐさま、彼はヘッジファンドの会社を設立した。

金融トレンドについての彼のホームページには支持者がつき、彼の会社の株を購入することに満足していた。彼の分析力のおかげで、2003年までに彼の会社は2億5000万ドルを運用・管理するまでになり、年間500万ドルを稼いだのである。それは彼がサブプライム・モーゲージに関心を示したときのことである。

サブプライム市場の機運が高まってくると、バリーにある疑念が生じてきた。2004年になり、彼がデータを注意深く検証すると、融資基準が緩和されていることに気がついた。しかし、仮に、人々が住宅市場は常に成長し続けていると本当に信じているのならば、どうしてその基準が緩和されるべきなのかと疑問に思ったのである。

もし人々が、アナリストたちが公言する誇大広告を信じるのであれば、融資基準が緩和されることはあり得ず、むしろ厳しくなるはずである。

バリーはこの矛盾に困惑させられた。もし住宅価格が常に上昇すると考えられているのならば、なぜ融資機関が審査基準に満たないはずの申請者にも融資するのだろうか？　なぜそうした融資機関は、変動金利ローンに極度に依存しなくてはならないのだろうか？

バリーは、一般大衆の観測と、個人レベルでの融資基準が下げられている業務の現状との間に矛盾を察知したのである。

彼が推察したことは、不動産市場はすぐに凋落《ちょうらく》するということであった。なぜなら、サブプライム・モーゲージに手を出している人の多くは、支払いを続けることができないだろうと考えたからである。

またバリーは、住宅市場は2年間は変化がないと予測した。２００５年に冗談のような低金利をもたらした危険なローンは、２００７年までの2年間に及ぶ変化のない期間がひとたび過ぎ去ったあと、ますます危険な11パーセントという利率にまで跳ね上がったのである。

そこで彼は、２００７年から債務不履行率が急上昇してバブルが弾けるだろうと予想したのである。そのようなローンに手を出し、返済が滞納になるような危険な選択をする住宅所有者は誰だっただろうか。それは十分な貯蓄がなかった人たちである。そのような人たちが、11パーセントの金利に対応できるわけがなかったのだ。

グレッグ・リップマンはインサイダーであった。

彼はドイツ銀行でサブプライム・モーゲージを転売し、２００５年の金融バブルも偶然に体験することになった。その年に、彼の上司が住宅ローンの分野に賭《か》けようと指示してきたのである。

しかし、リップマンはその考え方を好まなかった――なぜ、常に好転している市場に対して賭けなどをするのかと。彼は住宅市場について調査し、自分が気がついたことに驚愕《きょうがく》した。住宅価格が依然として上昇しているのにもかかわらず、債務不履行率が1パーセントから4パーセントまで上昇していたのである。

彼が計算して見積もったことに、仮に債務不履行率が7パーセントにまで上昇したのならば、最低利率の不動産抵当証券は無価値になるだろうということだった。もし債務滞納率が8パーセントに達すると、次の段階の利率である不動産抵当証券が無価値になる。さらに価値は次の段階へと続いていくのである。

ここで彼に「ティルト反応！」があった。上昇する債務滞納率は、必ず供給が上がり需要が下がる。それによって住宅市場の過熱が必ず冷めるようになってくる。こうした影響のあり方に、リップマンはぞっとさせられたのである。もし住宅価格がまさに下がろうものならば、それは持続的な成長に依存してきた金融市場を崩壊させるものだからである。


ジーン・パークという人物もインサイダーであった。

彼は、AIG（アメリカン・インターナショナル・グループ）に勤務していた。2005年、彼は株の高い配当率の住宅ローン会社であるニュー・センチュリー社で『ウォールストリート・ジャーナル』を読んでいた。そこで彼は、自分の持ち金の一部をニュー・センチュリー社に投資するべきか考えていた。

パークが気がついたことは、住宅担保ビジネスにおける企業の成功は、恐ろしいほど価値がないサブプライム・ローンからもたらされたということであった。また彼は、多くの住宅担保の保険も含めて、高リスクな投資が増加傾向にあることに気がついた。その保険は、多くの住宅担保を拡散させることでリスクを抑えるもので、アメリカの住宅市場全体が凋落するリスクを重視するものではなかった。

その後、パークは無一文で無職だった友人から電話を受けた。それはいくつかの銀行から彼の財力では到底支払うことができない額のマイホームを買うように勧めてきたという内容だった。

そのときこそ、パークの「ティルト反応！」があったときだった。彼は、持続不可能な投資バブルがサブプライム・モーゲージに起きていることがわかったのである。そして、彼の勤務先であるAIGは、こうした状況の中で誤った方向に進むことになったのである。

他の投資家たちとは違って、パークに「ティルト反応！」が起きることで思わぬ大金が自分の懐に転がり込むようなことは起こらなかった。彼は「AIGはとんでもないトラブルに巻き込まれる」と自分の上司たちを諭すことさえもできなかったのである。

パーク以外の4人は、自分たちに莫大《ばくだい》な利益をもたらすことができた。たとえば、バリーは2007年に自分のヘッジファンドへ投資した人たちに7億5000万ドルほどの利益をもたらした。ポールソンの場合は、それ以上の利益だった。

このように、凋落すると思われる企業の保険を買うため、投資のアイテムをどのように利用するかについて、「見えない問題を見抜く力」を働かせることで莫大な利益を得たのである。

ところが、このチャプターの目的からすれば、当事者たちが、どのようにしてウォール街というアメリカの金融産業が崩壊の方向へ向かっているという結論を導き出したのかということに、私は興味を持っただけなのである。

たいていの金融専門家からすれば、産業界や政府の指導者たちには、驚くべき出来事のように思われたが、崩壊は当然と思えるものだった。この種の金融危機を予想する以上に、私たちは、地球に衝突する危険性がある小惑星にもっと注意を払う準備をするべきにも思える。なぜなら、この金融崩壊は物理学というよりも概念上の結果によるものであるから で、多くの一般的に信じられてきたものを打ち破るものであったからである。

マーク・トウェインの言葉から引用すれば、『想像力のピントが外れるとき、あなたの目は当てにならない』ということなのである。

5人の投資家たちは、それぞれ異なる見解を示した。彼らが異なるデータを用いることで、**サブプライム・モーゲージ市場が高揚感に満たされながら拡大していく状態と、市場が今にも崩れそうな状態との間にある矛盾点を偶然にも発見した**のである。

5人は全員、疑い深い人たちであった。私たちは、「何かを発見するためは、疑う気持ちを捨てて自分の心を開かなくてはいけない」と人から教わってきた。しかし、疑い深い心もまた、同じく好影響をもたらしてくれるのである。彼らはそういう「何かが怪しい」と思う心構えを持つことで、調査の過程で他の人たちが見逃してしまったものを発見したのである。

出来事に対して懐疑的な態度で接するという彼らの事例から、物事に対して開かれた心構えとは相反する心構え、つまり物事を疑う心構えについて、私は自分の好奇心がくすぐられるような気分になったのである。

CHAPTER 6

絶望的な状況における、やけっぱちな推測による方法

逃げられない罠から抜け出すためのヒント

すでに述べたように、「見えない問題を見抜く力」に関するほとんどすべての科学的研究は、心理学実験室の中で、ある目的を遂行させる途中で、被験者に何らかの障害（物）を与える。すると、何人かは状況に行き詰まり、お手上げ状態になる。そして、他の何人かは悩み、戸惑いながらも、そこから解決のための思いがけないアイディアが閃いたりもする。

「見えない問題を見抜く力」の性質を慎重に調査している心理学者にとって、「やけっぱちな推測」というテーマは、物事の本質を見抜くことによる問題解決の典型とも言うべきものである。それは、心理学者たちが自分たちの実験の中で用いるパラダイムである。な

ぜなら、そこには解決策があり、1つの正解があり、冷静沈着な分析ではなく解明のフラッシュを通して発見できるからである。

これは、グレーアム・ウォーラスが「発見に至るための4つの段階」を考案したときに、彼の心の中で生じたある種の心理状態である。

「やけっぱちな推測」は、第5のアイディアを生み出すための方法であるが、いくつかのアイディアを結びつけたり、出来事の偶然の一致に気がついたり、好奇心や矛盾を見つけたりすることとは大きく異なる。「やけっぱちな推測」には、**逃げられない罠《わな》から抜け出すための方法**を見つけ出すことが必要となる。

❖山火事で迫りくる炎から脱出する方法

「やけっぱちな推測」とは、もちろん、実験室の中だけで起こるものではない。ときどき、生死に関わるような事態でも見受けられる。

1949年8月5日、モンタナ州のマン渓谷（次ページ写真参照）で、ワグナー・ダッジが山火事から脱出するための方法を見つけ出したときのことである。

その日の午後、15人の森林消防パラシュート部隊が山火事の消防のため、モンタナ州の

1949年、美しいマン渓谷に
山火事の大惨事が起こった

（写真：Wildland Fire Leadership Development Program）

西部に降り立った。しかし、火災発生から2時間も経たないうちに、森林消防パラシュート隊のうちの12人が亡くなった大惨事となってしまったのである。

森林消防パラシュート部隊は、乾燥した季節の真っ只中《ただなか》の、極度に暑い日にマン渓谷の上に降ろされた。彼らの計画は、マン渓谷の北部にある坂（前ページ写真の左側）を降りて、マン渓谷の底部に水平に流れるミシシッピー川を渡り、南部にある坂（前ページ写真の右側）を横切ろうというものであった。

しかし、その南部の坂が火事になっていたのである。彼らが火事に対して下方から攻撃したいと考えていたのも、火事は山頂のほうへ広がるからで、余計なリスクをとりたくなかったからである。

ワグナー・ダッジは33歳で、森林消防パラシュート部隊のリーダーであり、寡黙な男だった。ダッジは、森林消防パラシュート隊長を4年間ほど務めていた。彼は新しい部下たちと3週間の訓練を行うはずであったが、訓練をする前に本番がやってきた。この部隊は、お互いのことをよく知らないまま、マン渓谷に降ろされたのである。

部隊が通過したマン渓谷の経路の大部分は、下方へ向かうものであった。しかし、ダッジは、マン渓谷の北部にある坂の底のほうから小さな煙を見たのである。彼がすぐに気がついたことは、炎が別の「ある場所に移った」ということであった。つまり、南部の坂での火事が火の粉を飛ばして、新しい場所に残り火を移したのである。北部の坂は、部隊がいる場所の下方に位置していた。炎は階段状に流れる滝のように、いくつかの新しい場所に移り、まさに炎の爆風となろうとしていた。ダッジは、坂の下方の川の近くから火事が大きくなるのが確認できた。炎はどんどん大きくなって坂道を駆け上がり、自分たちがいる位置までやってくる。それは、彼ら全員の命を奪おうとするものであった。

ダッジは部下たちに、「丘の頂上にある安全地帯に逃げろ！」と号令をかけた。しかし、炎はまたたく間に駆け上がり、彼が後ろを振り向くと、頂上まで逃げるのは無理なことだと気がついた。炎は彼らを飲み込もうとしていて、そのスピードはさらに速くなっていった。

ノーマン・マクリーンの著作『マクリーンの渓谷』（水上峰雄訳、集英社）という本に、最も悲痛な思いにさせるようなグラフの1つが示されている（次ページ参照）。このグラフの曲線を見ると、私は自分の脚の力が抜けてしまった。

水平線は時間の経過を示している。いったん、炎がマン渓谷の底を横切ると、一番速く逃げ切った人を捕えるまでに、ちょうど30分経過している。炎の動きは点線である。森林消防パラシュート隊の動きは実線である。このグラフは、逃げる部隊とそれを追う炎との

森林消防パラシュート部隊を襲った炎の渦

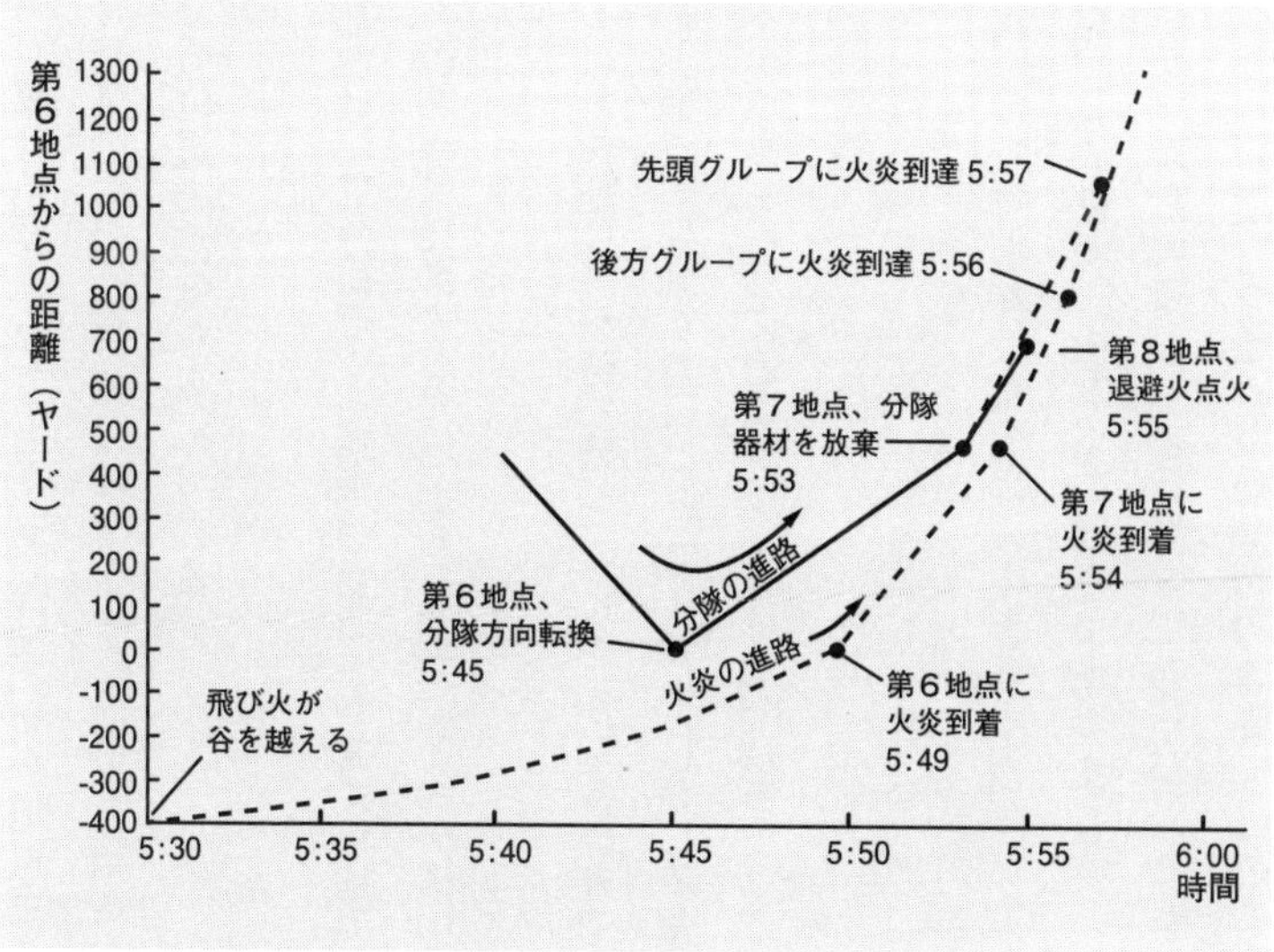

（『マクリーンの渓谷——若きスモークジャンパーたちの悲劇』ノーマン・マクリーン著／水上峰雄訳／集英社より作図）

競走を表している。森林消防パラシュート隊は、第6地点まで渓谷を下っていたが、ダッジが煙のサインを発見して、5時45分にコースを逆走し始めた。グラフの垂直な線は、第6地点を基準にその位置の高低を表している。

5時53分、隊員たちは第7地点で、消防用の道具をかなぐり捨てた。炎はあと30秒ほどで彼らに追いつこうとし、その高さは10メートルほどもあった。その火事の様子は、炎でできた壁のようであったという。

最初、炎はゆっくりと移動し、5時49分、つまりマン渓谷の底で飛び火したあとの19分が経過する5時49分まで、第6地点に到達することはなかった。しかし不運なことに、炎の移動が速まった。斜面が急になると炎の移動もさらに速くなり、森林消防パラシュート隊はさらに速く逃げなければならなくなった。炎は最速で毎秒3・35メートルもあった。

このグラフの末端の一番右端の部分は、生き残った隊員たちが炎との競走が終わった地点だが、それは坂全体の76パーセントの高さであった。

マクリーンのグラフから火事を想起してみてわかったことは、最初に逃げ遅れた隊員が炎に飲まれたのは部隊が逆行を始めた11分後の5時56分のことで、次々と他の隊員たちを飲み込んでいった。2人の隊員は助かったが、結果的に12人の隊員が焼死したのである。

そんな中、ワグナー・ダッジは「やけっぱちな推測」を働かせることで生き残った。それは何とも巧妙で、直感ではわかるようなものではない。グラフが示すタイムラインの中で、5時55分にダッジはなんと自分の前方に火を放ったのである。

彼は放った火が丘の上まで先に上り、残った灰の中に潜り込んで避難できると考えたのである。彼は水筒の水でハンカチを濡《ぬ》らし、それで口と鼻を押さえ、自分が放った火で残った灰の中にうつ伏せで潜り込み、草木から離れるようにした。そのおかげで、彼は1分も経たないうちに、助かることができたのである。

しかし、他の隊員たちに彼と一緒に灰の中に潜り込むように説得することができなかった。他の隊員たちは、彼が何をしているのかわからなかった。彼は突拍子もない方法を考えたのだが、他の隊員たちにそれを説明するチャンスがなかったのである。2人の生存者のうちの1人は、ダッジが火をつけているのを見て、「彼の頭がいかれたのではないかと思った」と語っている。

私はこの事件のレポートをいくつか読んでみたが、どれもダッジのアイディアについて説明するものはなかった。彼が自分の前方に火を放ったのは、やはり**「やけっぱちな推測」**

からなのである。そこで私が考えたことは、彼のアイディアがどこから湧き出てきたのかということであった。

私が想像するに、ダッジと部下たちは、持っている消防道具をかなぐり捨てたときには逃げ場を失っていた。私は、その瞬間に何が起きているのか、ダッジが考えていることを推察してみたのである。

特に、次の4つのポイントによって、ダッジの思考を理解するための焦点が定まるように思われた。

1つ目のポイントは「登り坂」ということである。それは炎にとって好条件で、斜面がだんだん急になっていくものであった。2つ目のポイントは「後方に炎がある」ということである。それは徐々に追い駆けてくるスピードを速めてくる。おそらく3つ目のポイントは「安全な場所が見つかるかもしれない」ということである。もし頂上まで登り切れば、炎との追い駆けっこは終わるかもしれないし、何か岩場があれば、そこで火は止まり、炎から逃れられるかもしれない。実際に、現場には坂道の上のほうに岩場が発見されている。しかしそれは、約61メートルも先にあり、炎は30秒後方の位置にあったため、制限時間内に岩場にたどり着くことはできない。4つ目のポイントは「多くの乾燥した枯れ草が生えていた」ということである。これは炎をさらに燃え上がらせるための燃料となる。

この4つのポイントは、私にとってのポイントで、渓谷の斜面をどう変えるか、後ろから襲いかかってくる炎とどう戦うかなど、自分の手に負えないものである。しかし、最後の4つ目のポイント、つまり、炎の燃料である枯れ草に対して何かすることができるかもしれない。

しかし、どうやって燃料を中和することができるのだろうか？

それは、草を燃やしてしまうのである。炎という敵は友でもあるのだ。自分の前方に炎を点火して先に頂上まで燃え上がらせて、残った熱い灰の中に潜り込む。それは、燃え上がったあとにできた避難所となるのだ。

私が想像力を働かせてダッジの思考を説明するのならば、彼がそれを見つけたとき、それは枯草のことだが、自分が炎から避難するための方法を思いついたのだった。

死を目前に、間違った思い込みを切り捨てる

ダッジは後日、自分が取った行動について証言しているが、炎から避難するためのアイディアについては説明していなかった。それゆえに、彼の心の中で何が起こっていたのかは、まったく理解できない。しかし、話の流れが同じと思われるような類似した事例がある。

2003年5月、アメリカ人登山家であるアーロン・ラルストンは、ユタ州の渓谷をハイキングしていた。彼は岩場の間に滑り落ち、彼の右手の上に巨大な岩が乗っかってしまった。彼は5日間以上も激痛に襲われる右手と戦いながら、宙ぶらりんの状態に陥ってしまったのである。

初め彼は、小さなポケット・ナイフを使って岩を削り、自分の手をそこから引き抜こうとした。しかし、その試みはうまくいかず、単にナイフの刃がこぼれるだけであった。数日後、岩に挟まっていた手の親指がちぎれてしまったことから、手に血流がいかない壊死《えし》状態になったことに気づいた。

もうその手は温存するだけの価値はない。壊死した手を残すことで、体全体に病が回ることもあるかもしれない……。食料もなく、水もほとんどなく、助けを呼べる可能性はない。彼は本当に死ぬことを予期していた。

ラルストンは自分の右手を岩から引き抜く代わりに、右手を切断することで体が自由になるようにしようとした。しかし、すでにナイフの刃が鈍くなってしまっている。それでは、前腕部の2本の骨を切断するには不十分であった。彼は完全に身動きできない状態であった。

彼は冷静さを失い、感情的になって怒りが爆発した。岩に挟まった自分の腕を押したり引っ張ったり、バタバタさせて外そうとした。そうこうしているうちに、彼の右手が不自然な形に折れていた。

実はそのことが、助かるためのアイディアが閃くヒントになったのである。彼は腕の骨を切断する必要はなかった。巨大な岩が重しになって腕を押さえているので、テコの原理のように腕を折ることができたのだ。

その後、彼は激痛に耐えながら、小さなナイフで腕を切断し始めた。そして、なんとか脱出することができ、助けを求めることができたのである。

ラルストンが健常な状態で腕を岩から引き抜くという目的から、壊死した腕から自分の体を切り離すことで自由になるという目的に変えたことで、その巨岩はもはや彼の敵とならなかったのである。

もう、その岩は彼の友である。岩が腕を折るためのテコの支点となることで、彼は脱出できたのである。

私には、炎から脱出したダッジ、巨岩から脱出したラルストンの両者のケースは、彼らが意識して考えたアイディアの事例であると考えている。

それは、絶望的な状況に置かれた人たちが自分の命を救うために、事態の大転換を促すポイントを見つけ出したことによる。彼らは共に、**自分たちの思い込みを捨てた**のである。

CHAPTER 7

「見えない問題を見抜く」ための別の方法

最新の「認知バイアス」研究からわかったこと

分析されたデータを再検証することで、一般に広く信じられている「見えない問題を見抜く力」についての考え方に疑問が生じたが、私は何も答えを得ることができなかった。

私は5つに分類した「出来事のつながりから見抜く方法」「出来事の偶然の一致から見抜く方法」「好奇心から見抜く方法」「出来事の矛盾から見抜く方法」「絶望的な状況における、やけっぱちな推測による方法」の相互関係を依然として理解できないでいた。

この相互関係を理解するために、そして、新しい考えが見つかることを期待して、2つ目の研究に取りかかった。

2つ目の研究を開始するとき、「見えない問題を見抜く力」に関する科学的な研究論文を80本以上、そして15冊の著作を十分に注意して集めた。私は準備として、科学的な文献を読むことから研究を始める。

しかし、この研究について収集したすべての事例を検証するのに、新鮮な眼差《まなざ》しを持ちたいとも考えていた。もし私がそうした科学的な文献を読むならば、他の研究者たちと同じレンズを通して、すべての事例を検証することになるだろう。それは、自分の発見のプロセスを妨害することになる。

したがって、私はそれらすべての文献を端に置き、いっさい読まなかったのである。それは危険な決断であった。いくつかの重要な問題点を見逃すかもしれなかったし、壁にぶち当たったり、または他の研究者たちがすでに知っていることを再発見することで時間を無駄にするかもしれなかった。

しかし私は、そういった危険性をあえて受け入れることにした。なぜなら、自分なりの印象と、「見えない問題を見抜く力」についての自分独自のメンタル・モデルを構築したかったからである。私は、先入観を持ちたくなかったのである。

それでもやはり、本当に優れた研究者や理論家は、過去に「見えない問題を見抜く力」について疑問を投げかけている。私は、この分野の専門家として彼らの考え方を研究する責任があった。そこで、そうした論文や著作については、自分なりのやり方で調査を始めたのである。

私が好む文献の1つに、'The Nature of Insight'（洞察力の本質）という、最先端を走る研究者たちによって書かれた論文集がある。この中には、多くの役立つ考え方やその他の情報源があったが、同時に多くの紛らわしい、不整合な情報もあり、それが私の見解に反映されかねないものであった。

研究者によっては、「あっ、わかった！」という体験は「見えない問題を見抜く力」の重要な部分であり、認知的な再構築は不要だとした。

他の研究者たちは、まさに反対の見解を示していた。何人かの研究者らは、本質を見抜かなくてはならない問題を解決させるのに、人の思考プロセスを経ることとすらなく、「見えない問題を見抜く力」の概念そのものが役に立たないなどと記していた。科学的な文献から離れることで、私は議論の渦から離れることができたのがうれしかった。

私の参考文献には、認知バイアスについてのいくつかの研究が含まれていて、それは**認知バイアスがどのように「見えない問題を見抜く力」と適合するのか**を調査するためである。

認知バイアスとは、物事を判断する際に、私たちが持っている合理的基準からの体系的な偏りである。たとえば私たちは、脳卒中よりも車の衝突事故で亡くなっている人が多いと思うものだ。その理由は、テレビや新聞が頻繁に車の衝突事故を報道しているからだ。

衝突でねじれた金属のすさまじい写真を見て、あのような状況ならば助かるわけがないと思うものである。一方、脳卒中についての写真や話はほとんどない。実際、アメリカで脳卒中による死亡者数は、交通事故による死亡者数の4倍にも及んでいるというのに。したがって、私たちの予測というのは、私たちがメディアで観るものによって歪《ゆが》んでしまうのである。そこで私が推測することは、「見えない問題を見抜く力」は認知バイアスと対照するということだった。

1970年代初め、心理学には認知バイアスに特化した新しい分野が誕生した。2人のイスラエル人研究者、ダニエル・カーネマンとエイモス・トベルスキーが提唱した「ヒューリスティック・バイアス」である。

ヒューリスティックとは、人が複雑な問題解決のために何らかの意思決定を行うとき、暗黙のうちに用いている容易な方法や原則に従っていることで、このヒューリスティックなバイアスの結果、認知上の偏りが生じる。

この分野は一大ムーブメントを起こし、カーネマンは自身の研究成果によりノーベル経済学賞を受賞している。ヒューリスティック・バイアスのムーブメントは、行動経済学という学問分野を生み出すことになった。

行動経済学とは、経済学者と心理学者が協力し合うことで、社会的に価値がある目的を実現させるうえでの、認知バイアスを制御するための手段を探究するというものである。ミリオンセラーになったカーネマンの著作『ファスト&スロー～あなたの意思はどのように決まるか?』(村井章子訳、ハヤカワ・ノンフィクション文庫)で、カーネマンは速くて直感的な思考のシステム1と、より遅く、より批判的かつ分析的で、思慮深い思考システム2というように区別している。

認知バイアスとは思考システム1、つまり、私たちが受ける認知上の衝動から主に生じるとする。思考システム2は、必要なときにそうした衝動を抑制し、かつ修正するために監視し続ける心理的なメカニズムについて説明している。

ヒューリスティック・バイアスでは、思考システム2で強化する方法を提言し、そうすることで思考システム1を十分にコントロールすることができるとしている。

こうした考え方は、私がチャプター1で紹介した「**パフォーマンスのモデル**」**の中の2つの矢印とぴったり適合する**のである。つまり、思考システム2のすべてが下方への矢印である。ヒューリスティック・バイアスの重なりは、バイアスにつぐバイアス(偏見の、さらなる偏見)と呼ばれるものであるが、これは私たち自身を動揺させ得るもので、判断や明確に考えるための能力に対して疑い深い態度を取るようになるのである。

ヒューリスティック・バイアスの研究者たちの証言によると、私たちが厳格な批判的思考法で物事を考えないのならば、誤った結論に導かれてしまうという。この証言は、下方への矢印を強めることを意味している。

私は、思考システム1についての否定的な考え方と、創造的なアイディアや発見に対する畏敬《いけい》の念や正しい認識をつり合わせることが重要であると考えている。私たちは、上下両方の2つの矢印が必要で、まさに思考システム1と思考システム2の両方が必要なのである。

「見えない問題を見抜く力」が発揮される思考プロセス、つまり、**パフォーマンスを向上させる上方への矢印は、認知バイアスへの懸念となるミスをなくす下方への矢印とのバランスをとる**のである。

ヒューリスティック・バイアス研究におけるこうした見解から、私は上方への矢印を理解することに興味が出てきたのである。私はまずデータを検証し、それから文献を検証するように心がけた。ここで、研究への3つ目のアプローチの仕方についてお話ししよう。

❖現場主義的調査法で、体験談を検証する

30数年前のこと、私はあることに困惑させられた経験をした。私は、異なる意思決定の思考モデルを評価していたのだが、収集したデータにどれも適合しなかったのである。私は26人の経験豊かな消防士たちにインタビューをし、時間的制約がある予測困難な状況下で彼らが下した難しい決断について、32の体験談の記録をとっていた。

ところが、私はある問題に直面したのである。彼らの体験談は、「人が意思決定をするのにどうやって選択肢を比較検討するのか」という標準的な説明を立証するものではなかったのである。私は仮説のすべてをかなぐり捨て、彼らが伝えようとしていることを把握するため、体験談を辛抱強く読むことにした。

その結果、「意思決定者が行動の選択肢を比較検討する」という考え方とは異なる意思決定モデル、つまり、新しい「認知モデル」が発見されたのである。それまでの私は、意思決定における「行動の選択肢を比較検証する」という定義に固執していた。しかし、彼らの体験談を検証するうちに、私はそうしたものをやっと捨て去ることができたのである。

それ以来、何年もの間、私は人のものの考え方を理解するのに、重要な出来事、つまり

体験談を収集するやり方をとってきた。おそらく、最もありがたい成功とは、**体験談を集めて分析するという方法から「現場主義的意思決定（NDM理論）」という分野が誕生したことである。**

現場主義的調査法について、あなたは少々いらだちを感じるかもしれない。なぜなら、これが何を意味しているのか決して知ることができないからである。あなたが体験談に気持ちを傾け、その中で意義があるかもしれない思考パターンに注意を張るしかない。つまり、すべての条件に制約がないのである。

あなたは自分のデータをどのように分析するのかについて事前に定義することはできない。しかし、予期できないからこそ、体験談を検証することは、刺激的でもある。私は120の事例から、何らかの答えを見つけたいと思った。

そこで私が疑問に思ったことは、どのように物事が進展するのかを理解するため、より優れた枠組み——より好ましい体験談——への思いがけない転換として、「見えない問題を見抜く力」を私なりに定義することができるのだろうかということだった。

枠組みという考え方は、データをその中に当てはめるための枠が含まれていることである。私が収集した事例において、そうした枠のいくつかは通常、際立っているものだった。このような枠は、体験談を心に残しておくのに他の枠よりも重要だった。

この考え方は、私に何かの影響力を与えてくれるだろうか。それはまったく不明瞭なものので、単にアイディアの断片だった。私はそうしたアイディアの断片が役立つことを望んでいた。しかし、それらの断片が、どのように「見えない問題を見抜く力」のための新しいモデル、つまり、どうやって私たちが物事の発見をするのかについての説明となるのかについては、私は予期することもなかったのである。

CHAPTER 8

問題発見への3つのプロセス

「見えない問題を見抜く力」が働くさまざまなプロセス

体験談にざっと目を通したとき、私は何か奇妙なことに気がついた。5つのタイプの「見えない問題を見抜く力」があって、そのうちの2つは真逆の方向に働くということである。それらは反対の作用をするように思われ、合成することができなかった。

「やけっぱちな推測による方法」が働くとき、人は自分たちを罠に陥れるような愚かな考えを見つけ出そうとする。同時に、このような考えを「かなぐり捨てたい」と思うので、固定観念や行き詰まった状態から脱出できる。

反対に「出来事の矛盾から見抜く方法」を発揮させるとき、私たちは愚かな考えに「集中する」ものである。その考えから言い逃れをしたり、かなぐり捨てる代わりに、考えを真面目に受け入れる。

ところが、「矛盾した出来事から見抜く方法」が発揮されるまでの過程は、共通したシナリオに従っているようにも思える。「ある例外的な出来事に遭遇する→それを見捨てたいという願望を捨てられずにいる→そのことを信じ、有効であると想像する→その例外が受け入れられるように私たちの一般通念を修正する」というものである。

通常、私たちは、自分たちが当初抱いた認識――今日に至るまで自分たちの理解を支えてきた主な認識――を捨て去らなくてはならない。つまり、古い固定観念だけでなく、例外も含まれるような新しい認識の枠組みができ上がるまで、真実を明らかにするための推論を続けるのである。

「出来事の矛盾から見抜く方法」についての事例と「やけっぱちな推測による方法」についての事例は共に、他の人には、これまで強く支持されることはなかった重要な考え方に注意を向けることになる。ところが絶望的と思われる事例については、説得力に欠け、そのための手段を模索しようともしない。

まったくの正反対である。絶望的な局面に陥っている人々は、物事を理解するのに説得力に欠ける要点を擁護《ようご》する代わりに批判するのである。絶望的なときを迎えると、我々はひっくり返すことができる仮説を積極的に探すものだ。もしその仮説をひっくり返すことができるのならば、私たちはその仮説から推察される結果を想像しようとはしない。むしろ、そうした仮説を考慮に入れないことで状況を改善しようとする。

そこで、「出来事の矛盾」と「やけっぱちな推論」から「見えない問題を見抜く力」が発揮される、2つの異なるプロセスを区別してみた。

●2つのプロセスは異なるモチベーションから生じる……「悪い状況から脱したいという願望」対「世間一般の通念を考え直してみたいという願望」

●2つのプロセスには異なるきっかけがある……「欠点がある仮説を探していること」対「ある矛盾に遭遇すること」

●2つのプロセスは異なる活動に依存している……「欠陥のある仮説を他のものと取り換えること」対「不規則性を導くことになる、説得力の弱い仮説を打ち立てること」

また、2つのプロセスには類似性もある。好ましいと思われる既成概念を抱かせないという点において、支離滅裂だったりする。その代わり、自分たちの理解を支える中心的な概念を修正しなくてはならない。つまり、信念や考えの根拠となるものを捨てたり、他のものと交換することになる。

また、2つのプロセスは同じ結果に導くことになる。私たちは、自分たちが何を理解しているのかという内容を変えるのである。さらに、行動の取り方、状況の把握の仕方、物事の感じ方、そして、何を欲するのかについても、内容をときどき変えることになる。

次ページに示してある、「見えない問題を見抜く力」が作用するための3つのプロセスは、私が **「発見への3つのプロセス」** と呼んでいるもので、残りの「出来事のつながりから見抜く方法」「出来事の偶然の一致から見抜く方法」「好奇心から見抜く方法」が3つのプロセスの中で統合されているからである。それは、図の真ん中の列のものである。


出来事のつながりから発見に至るプロセスは、やけっぱちな推測からの発見プロセス、もしくは出来事の矛盾からの発見プロセスとは異なる。私たちは説得力のない「考えの根拠（アンカー）」を批判したり、構築しているのではない。

出来事をつなげたり、出来事の偶然の一致に気づいたり、好奇心を持ったりするとき、情報の断片から新しい「考えの根拠」を自分たちの信念につけ加え、その影響について理解するのである。

私は、出来事のつながりからの発見プロセス、出来事の偶然の一致からの発見プロセス、そして好奇心からの発見プロセスを「発見への3つのプロセス」の中で統合してみた。それらはどれも説得力があるもので、**可能性のある「考えの根拠」を構築する**のである。

見えない問題を見抜くための『発見への3つのプロセス』

① 「出来事の矛盾」から発見へのプロセス
② 「出来事のつながり」「偶然の一致」「好奇心」から発見へのプロセス
③ 「やけっぱちな推測」から発見へのプロセス

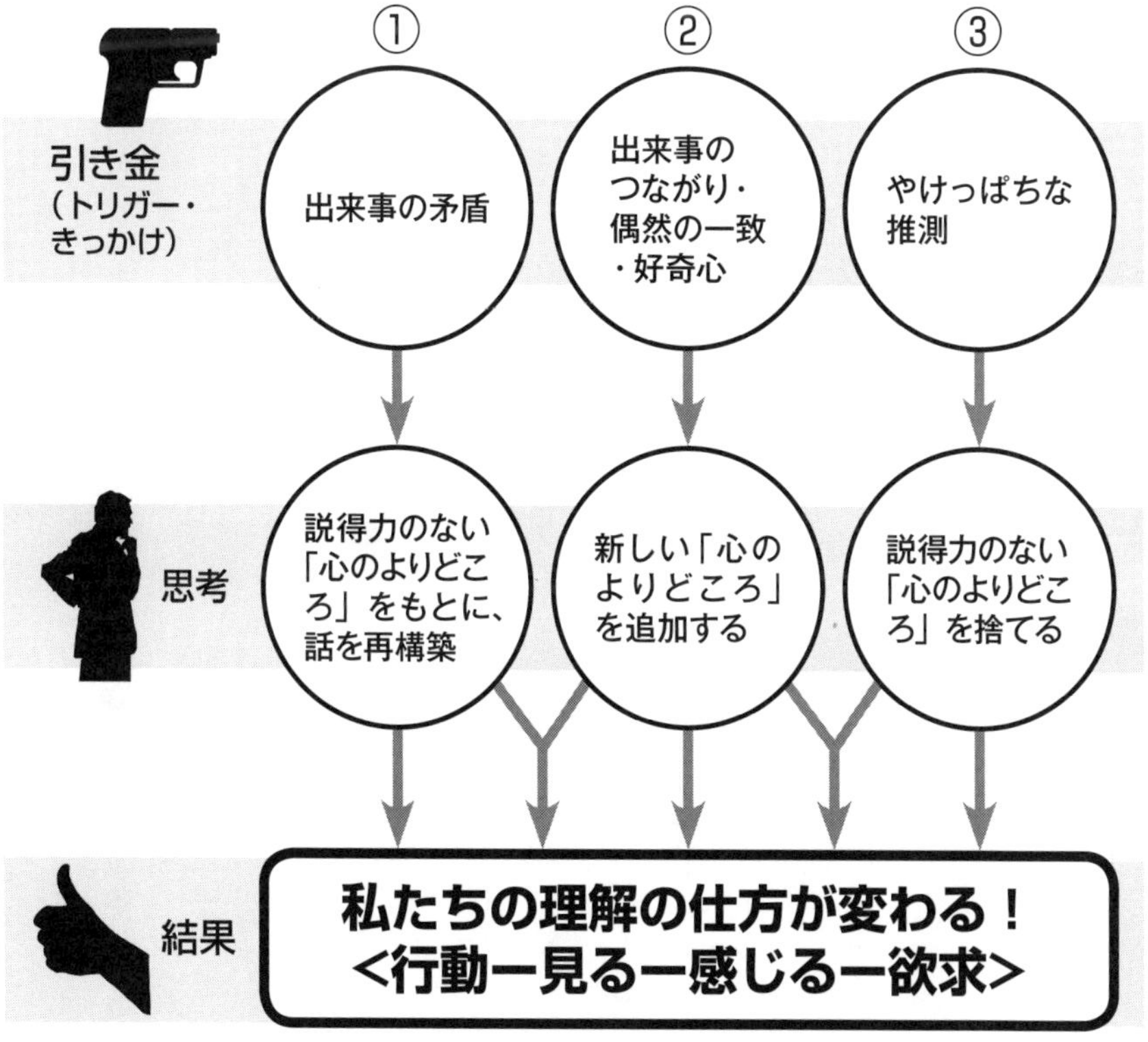

つまり、私たちの思考は、**何か新しい「考えの根拠」に気がついたときに刺激を受けるのである。**

出来事の偶然の一致や好奇心は、そのものが「見えない問題を見抜く力」ではない。その2つは、私たちが心に抱いている他の信念に結びつける新しい「考えの根拠」を識別するためのプロセスに、私たち自身を仕向けるのである。

「出来事のつながりから見抜く方法」「偶然の一致から見抜く方法」「好奇心から見抜く方法」は同じ活動をする。つまり、新しい「考えの根拠」を他の対象に結びつけることである。

これらの力が発揮されるためのプロセスとは、他の「考えの根拠」を捨てるように促すのではない。それは、自分たちの理解を変えることになる新しいストーリーを作ることである。

これらのプロセスには、出来事の矛盾からの発見プロセスや、やけっぱちな推測からの発見プロセスとは異なる動機、きっかけ、活動が含まれている。それでもやはり、他の2つのプロセスと同様に結果は同じになるのである。すなわち、**ストーリーの中で予想外の展開がもたらされる**のである。

このストーリーの新しい移り変わりとは、わずかな調整というものではない。それが意味するのは、ストーリーの中で用いられている中心的な構成要素や「考えの根拠」を変えることである。

「出来事の矛盾から見抜く方法」「やけっぱちな推測による方法」については、以前からあった「考えの根拠」のいくつかを捨て去ることになる。「出来事のつながりから見抜く方法」については、新しい考えの根拠がつけ足されることになる。つまり、すべてのプロセスにおいて、発揮される以前の考えの根拠とは異なるのである。

「発見への3つのプロセス」の図の下部には、結果に至るまでの異なるプロセスが矢印で示されている。発見への3つの引き金から直線的な過程もあるが、中にはお互いに交差しているプロセスも示されている。それは、多くは1つ以上のプロセスに依存しているからである。

「発見への3つのプロセス」は法則であり、例外がない。しかし、この図ではすべての可能性のある組み合わせを示しておらず、そうしてしまうとさらに複雑化することになる。

しかし私は、「見えない問題を見抜く力」がどのように働くのかについての、より十分な全体図を描くことができたことに満足している。問題の根源を説明するような難しい問題に直面したとき、私たちができる最良のこととは、「標識」を超えて前に進むことである。

私は、そのことをデータを詳細に分析するのではなく、体験談の中の出来事を解決しようとすることでやってのけた。

「発見への3つのプロセス」は、「見えない問題を見抜く力」についての結論ではないが、「なぜ今までの（「見えない問題を見抜く力」についての）説明が不十分であり、かつ誤っているのか」ということを証明している。

以前の説明は、1本のプロセスだけに制限されていた。多くの研究者が、やけっぱちな推測からの発見プロセスについて言及しているし、アイディアをつなげたり組み合わせたりするような出来事のつながりからの発見プロセスについて言及している。また、問題を再び明確にしたり、人がどのように物事を考えるのかということを再構築する人は、出来事の矛盾からの発見プロセスに魅了されている。

それらはすべて誤りではない。「発見への3つのプロセス」が示していることは、なぜ人々がそれぞれ異なる過去について省察しているように思えるのかということである。なぜなら、人はそれぞれ異なるプロセスの上を歩いているからである。

ここで私たちは、どのように「見えない問題を見抜く力」が働くのかについて、より十分な全体像を知った。そこで、この力の負の側面、発見プロセスを抑圧する力に目を向けてみる。私の感じた第2の不思議な点に注目してみたい。
「見えない問題を見抜く力」を持たせまいと働きかけるものとは、何だろうか？

PART 2

見えない問題を見抜くための「心の扉」を開ける

～私たちを邪魔するものの正体は何か？～

CHAPTER 9

自信を持って誤る偽りの発見

思考プロセスが止まってしまうバカな日常

もう何年も昔のこと、私は娘のデボラとレベッカと休暇をとることにした。私たちは、オハイオ州のデイトンからニューヨークへ飛んだ。デイトン空港でいつもの駐車場に車を停めると、私は自分の書類かばんの中に鍵を入れて出発した。

そんな旅先で、次女のレベッカが中耳炎にかかってしまった。ニューヨークで医師に診せたが、数週間は飛行機に乗ることを控えるよう言われた。しかし、週末は我が家で親戚のイベントがあり、私たちは家に戻るために列車に乗ることにした。ただ、オハイオ州南西部には電車が走っていないので、私たちは途中のトレド市に向かうことにした。

ちょうどそのとき、義理の母であるベシーが親戚のイベントに参加するため、我が家に車で向かう予定でいた。そして、ベシーが向かう途中にうまい具合にトレド市があり、彼女はそこで私たちを拾って、デイトン空港まで乗せて行ってくれた。そこから私は自分の車で帰ることにしたのである。計画は万事うまくいった。デイトン空港でベシーの車から降りたとき、私がふと思ったことは、「スーツケースと書類かばんを自分の車に運ぶ必要があるのか？」ということであった。なぜ私がそう思ったのかわからなかったが、ベシーの車も私の車も、これから我が家へ向かうのである。だから、私はベシーの車から手ぶらで降りたのである。

駐車場に近づいたとき、自分の過ちに気がついた。その瞬間、私は次の質問を自分に問いただしていったのである。

「私の車の鍵はどこにあるのか？→書類かばんの中、いつも旅行に行くときの手順だ→書類かばんはどこにあるのか？→ベシーの車の中だ→ベシーの車はどこか？→もう空港から離れてしまった」

結局、私は空港でレンタカーを借りて、翌日その車を戻しに行かなくてはならなくなったのである。余計なコストがかかってしまったが、悲劇というわけではなかった。

私が受けたこのペナルティーは、ごくごく軽いものだ。これはバカな日常の具体例である。もし私が、車の鍵を書類かばんに入れていたことをすぐに思い出したのならば、自分の記憶を、「見えない問題を見抜く力」と呼ぶこともなかっただろう。

私は自分が信じていることの中に、矛盾が潜んでいると気がつかなかったのである。今置かれている状況は、もともと意図するつもりでいたことと違うとわかっていたが、その影響を見逃していたのである。

　将来を予期して、出来事をつなげたり、出来事の矛盾や不規則性を見つける方法はいくつかある。しかし、私たちはそうした矛盾や不規則性を見いだすことに、あまり信用を置くべきではない。

　バカな日常のこうした事例は、私たちが以前に模索した出来事の矛盾やつながりを見抜くという発見プロセスの終着点とは正反対に思われる。本当に微妙な不規則性や矛盾を見いだすときは、その力を信用するに値するが、明らかに発見し損ねるときは、自分を厳しく戒めるのである。

　私の事例では、自分の思い込みの中に明確な矛盾があった。私は鍵がどこにあるのか知っていたし、自分の車に近づいたとき鍵が必要だということもわかっていた。しかし、時すでに遅しとなっても、私の「ティルト反応！」が生じなかったのである。

　私たちは、しばしば自分の記憶力のなさを咎《とが》める。私は自分の車の鍵を書類かばんに入れていたことを思い出すべきだったのだ。実際に覚えていたし、もし聞かれれば、私は正しく答えることができたはずである。

　私は車に近づくにつれて突然に鍵のことを思い出し、ポケットの中を探し始めたのである。しかし、鍵がどこにあるのかをすぐに意識の中に呼び起こすことができなかった。記憶というのは、たとえば「私がトム・クルーズを初めて見た映画は何か？（答えは『卒業白書』）」というような、知識を単に想起させるだけのものではない。

私たちは、ある特定の情報を想起するため、記憶力に頼りがちになる。記憶力はこうした特定の情報の想起には必要となるが、それだけでは不十分である。いくぶんかの積極的な思考プロセスが働かなくてはならない。それは、**事実の適切なつながりと矛盾に注意を促すという思考プロセス**のことである。

バカな日常の事例は、実際の「見えない問題を見抜く力」を「ものの見方」に転換するのである。こうした事例から、本来はそうした力を働かせるまでもないような毎日のありふれた活動に対してでさえ、私たちは「見えない問題を見抜く力」を働かすように促されるのである。

私たちは継続的に出来事のつながりを見抜き、予想される影響を考察し、不規則なことに注目し、そして、説得力の弱い仮説に異議を唱える。日常の物事に慣れ親しんでいるがゆえに、体が自然に動くものである。しかし、出来事のつながりや矛盾が明らかで、そういうことに気づいたとしても、私たちはその過ちを認めようとはしないのだ。

つまり、自分自身がそういったことを見逃していることを疑うのである。出来事を明確につなげることに失敗するとき、また、明らかな例外や変則性を見逃すとき、さらには明らかに間違いである仮説にしがみついているとき、私たちは自分たちがバカなことをしていると罪悪感を覚えるものである。

おそらく「発見への3つのプロセス」におけるそれぞれの道は、バカさ加減からアイディアの閃きまでに至る連続した道のりという2つの間で、普通にそのどちらかであることに気がつく。バカさ加減とアイディアの閃きは、本を立てるときに使うブックエンドのようなもので、それぞれの連続する道のりにおいて両極端に存在するのである。

私の120の事例の中には、このバカさ加減についての事例が20以上も見つかった。私は、それらを他の分類に加えて新しいカテゴリーとした。この「バカさ加減」のファイルには、人が何かを発見したと誤って信じ込み、自分の賢さに十分なほどの自信を持つ「**偽りのアイディア**」が含まれている。

バカさ加減というテーマは、テーマ自体、対策を考えるに値する。ところが、私はバカな日常（体験談）の研究者になる情熱などない。

CHAPTER 10

問題を見抜く人、見抜けない人

❖「見えない問題を見抜く力」を発揮できない4つの理由

私の新しい疑問点となった、「もし、人が必要な情報をすべて与えられたとしても、『見えない問題を見抜く力』を発揮し損ねてしまう理由は何か？」ということを調査するうえで、私は現場での当事者たちを被験者として利用することができた。

120の事例のうちのいくつかは、力を発揮できなかった人がいたと同時に、発揮できた人がいた。私は、そうした対照的な被験者たちを**「相反する双子」**と呼ぶことにした。

ところが、実際には彼らは本当の双子ではない。同じ情報を共有しているという意味で、当事者たちのことを「双子」と私はみなしているのである。刺激を受けた双子の1人は、「見えない問題を見抜く力」が発揮される方向に話が進み、独善的な考え方をするもう一方の双子は失敗してしまう。

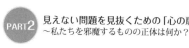

私が事例を選別するうえで決めた約束事とは、「見えない問題を見抜く力」を発揮し損ねた双子の1人は、その事例の中の当事者であり、仮に自分の名前を名乗らなかったとしても、「見えない問題を見抜く力」を発揮したもう1人の双子についてのある程度の詳細と背景情報を必要とするということだった。そうすることで、彼らにとって何が障害となっていたのかを推察することができた。

あなたはチャプター6で、すでに双子たちに出会っている。ワグナー・ダッジは、マン渓谷の山火事の炎から脱出するための手段を思いついた。正式な調査から、2人の生存者が証言していたことに、彼らは炎から脱出できると決して思っていなかった。また、ダッジが彼の目前に火を放って灰を作り出し、彼が2人にその中に潜り込めと命令したとき、彼らはその命令を受け入れることはなかった。

私は何度も対照的な双子の体験談を分類して調べてみて、何が失敗と成功を分けることになったのかを見いだそうとした。そしてついに、私は「見えない問題を見抜く力」を発揮するための機会を見逃してしまうことにつながる4つの理由を導き出したのである。

その4つとは、**「誤った考えに固執する」「経験不足」「消極的な姿勢」「具体的な考えにとらわれた推論」**である（次ページ図参照）。

「見えない問題を見抜く力」を発揮する機会を逃す4つの理由

「見えない問題を見抜く力」が弱い人		「見えない問題を見抜く力」が強い人
誤った考えに固執している	―	誤った考えから解放されている
経験不足	―	十分な経験がある
消極的な姿勢	―	積極的な姿勢
具体的な考えにとらわれた推論	―	遊び心が伴った推論

❖「誤った考えに固執する」ことから失敗する

私たちが「見えない問題を見抜く力」を発揮できない第1の理由は、**「誤った考えに固執する」**からである。事例の大部分は、失敗したほうの双子は何らかの誤った考えに固執しており、力を発揮した双子は、失敗したほうの双子が拒絶した新しいデータに心を開いて受け入れていた。

1962年10月のキューバ危機が勃発した。米CIA長官であったジョン・マコーンは「ソ連がフロリダ沿岸部から約145キロ離れたキューバに、弾道核ミサイルを設置するだろう」と警鐘を鳴らした。CIAの分析主任であったシャーマン・ケントはこの推測に強く反対した。ケントの理論は次のようなものだった。「アメリカはソ連に対して、より強大な軍事力を持っている。それゆえに、大きな核紛争を起こすことになりかねない、そのような戦略をソ連がとるとは到底考えられない」と思ったのである。

アメリカは先制の核攻撃を迎撃することができ、またソ連を攻撃することもできるというのである。歴史的に見て、ケントは、キューバに核ミサイルを設置するというバカげたことをソ連が、いくら何でもするとは決して思えなかった。

1962年の初め、アメリカのU2偵察機から送信された写真に、キューバでの不審な動きが映されていた。マコーンが写真をよく検証してみると、ソ連が保有していた数台の最新式地対空ミサイルと思われる映像が映っていたのである。

ソ連の地対空ミサイルは、上空から探索するU2偵察機を撃ち落とすために開発されたものであった。そうした地対空ミサイルが、キューバの周辺何カ所かに配置されていたのである。

なぜか？　もしソ連が地対空ミサイルを配置しているのならば、何か重要な事実を隠しているに違いないと考えられた。マコーンの目から見て、まるでソ連が中距離弾道核ミサイルの準備をしていて、同国が弾道核ミサイルを導入する以前に防衛策を完了させることを待っているかのようだった。

マコーンは、アメリカによるキューバの監視を強化するべきだと確信した。

そして、彼が正しかったことが証明された。マコーンが早い段階で警鐘を鳴らしていたことで、ジョン・F・ケネディ大統領はソ連に対峙《たいじ》し、弾道核ミサイルをキューバへ輸送する船を撤退するようソ連に要求できたのである。

その後、ケントは、「自分の理論そのものは正しかったが、ニキータ・フルシチョフが理性的ではない人物だということを考慮していなかった。そもそも理性的な指導者はそのような挑発的な行動を取ることはあり得ない」などと言い訳し、自分を正当化しようとした。

私の見解では、シャーマン・ケントは「誤った考えに固執していた」のである。自己流の歴史的分析から、彼はソ連の意図について無頓着になってしまった。しかもケントは間違った考えだけでなく、頑固に自説にこだわったのである。

反対に、ジョン・マコーンはソ連の意図をそれほど信用しておらず、U2偵察機からのデータを自由な心で検証することができた。彼は先入観を持たず、データを用いて判断した。むしろ、より懐疑的で、より正確に事実をとらえようと夢中になっていた。幸いにもマコーンがCIA長官だったことで、ケントの誤った判断から悪影響を受けずにすんだのである。

こうした事例は、明確な教訓を示している。それは「誤った考えに固執する」人は、発見に導いてくれる証拠を無視し、見誤って言い逃れをするということである。

逆に、私たちはデータだけにとらわれてはいけないという考え方もある。ここで、単純な指針を示すことはできない。「誤った信念に固執する」ことは間違いに通じるものだが、誤ったデータを信用することもまた然りである。反証のデータを初めに見たからといって、すぐに自分の信念を捨てることも危険なのだ。

ここから導き出されることは、誤った信念や理論、もしくはデータに依存するのであれば、私たちは何も発見することができないことが十分にあり得るということである。もし私たちが頑固者で、そのような誤った信念に固執しているのであれば、事態はより悪化する。格言にあるように「知らないということが問題なのではない。知りもしないことを知っていると思い込むことが問題なのだ」ということである。

クラーク・チンとビル・ブリューワーは、科学者たちが自分たちの信念に矛盾する例外から言い逃れをしようとするやり方を分類した。

●データ収集の方法の信憑性を疑う。

●そのデータはまったく関連性がないという理由を見いだす。
●本来の結果に悪影響を及ぼし得る要素に理解を示す。その要素とは、何か他とは異なるであろう原因を意味する。
●自分たちの理論を少し変える。

結局、自分が信じる学説の中で、変化が生じないのであれば、何でもいいのである。ポール・フェルトビッチは、医師たちにも同様な傾向が見受けられ、それを「認知的防御」と呼んだ。仮に誤診であったときでさえも、医師は初めに自分が下した診断に固執するのである。失敗した双子の事例は、彼らが固執してきた自分の信念を守るという、多くの傾向を示している。

「経験不足」から失敗する

私たちが「見えない問題を見抜く力」をなかなか発揮できないと考えられる第2の理由は、「経験不足」にある。失敗したほうの双子のうちの多くは、単に経験が足りなかったことが原因だった。

私は120のすべての事例を再検証してみて、そのうちの3分の2は経験不足に基づくと判断した。人は必要なだけの経験がないと、「見えない問題を見抜く力」を発揮できないのである。

経験というのは、必要な知識を持つことだけではない。どのようにして知識を自分の注意に転換するかということである。経験は、他人が見落としている手がかりややり方に対して、自分自身を鋭敏にしてくれるのである。

何かに対して心が敏感になるという考え方は、広く何かを受け入れる準備ができている心構えがすでにあるという考え方に適合する。広く何かを受け入れる心の準備ができている人たちは、「見えない問題を見抜く力」を働かせる準備をするために、事前に人の見えないところで何かをやっているわけではない。むしろ、彼らの努力や興味によって、他人が見逃してしまう物事に気がつくための「心の生地」ができているのである。

ジョン・マコーンは、ミサイル危機の以前でさえ、ソ連によるキューバでのミサイル増強を懸念していた。だからこそ、ソ連が何かを試みているかもしれないという彼の直感が働いた。その直感は「ソ連が何かを試みようとしている」ことを、直接彼に教えてくれるものではなかったが、その直感によって、懐疑的な姿勢でデータを検証しようとする心構えを持つことになったのである。

マコーンは、ケントの盲信から自由になっただけでなく、キューバにミサイルが存在するという弱いシグナルをキャッチし、好ましい結果に導いたのである。

「消極的な姿勢」から失敗する

私たちが「見えない問題を見抜く力」を発揮できない第3の理由は、私たちの姿勢にある。失敗したほうの双子の多くは、受け身な姿勢であった。彼らはやるべき仕事を行っていたが、新しい事態の進展や機会を積極的に詳しく調べたりしていない。この**「消極的な姿勢」**であった事例は、30のうち21が当てはまった。

相反する双子たちの組み合わせの中で、積極的な態度であったほうはしばしば疑い深く、一般世間で広まっている「英知という常識」に対して疑問を投げかける準備ができていた。そうした人たちは、自分たちの見解を確かめるために他人がどのように考えているのか、その発言に注意深く耳を傾けていた。消極的な姿勢のほうの双子は、それを求めようとはしていなかった。

私の大変に親しい友人のジンジャーの事例について考えてみよう。

ジンジャーは転職の際、ある法律上の問題に業を煮やしていた。4年以上前に大学院を卒業してすぐに、ある会社に入社したが、非競争契約書に署名していたのである。その契約書には、彼女が会社を退職したとき、顧客に接触したり、どのようなサービスであっても提供することができないと記されてあった。

ジンジャーが新しく入った会社の法務担当者に相談したところ、担当者は「それは運が悪かった」と言った。つまり、彼女がその非競争契約書に署名したのであるから、従わなくてはならないだろうと言うのである。

しかし彼女は、自分がその契約を遵守しなくてはならないことに困惑していたのである。もし彼女が顧客が誰であるのかがわからないのならば、どうやって前の会社で担当した顧客全員に接しないようにすることができるのだろうか?

彼女は以前に接していた顧客の数名は覚えていたが、ほとんどの顧客のことは忘れていた。また、彼女が勤務していた期間、前の会社で自分が担当した顧客以外はまったく知らなかった。前の会社は世界中に支店を構えているというのに、どうやって顧客を避けることができるものか? とても不公平ではないか……。

ここで彼女に「ティルト反応!」が起こった。

それは彼女が、自分が試みようとしていることが実行不可能であるということだ。すべての顧客

郵便はがき

料金受取人払郵便

牛込局承認

1022

差出有効期限
平成29年５月
31日まで

１６２-８７９０

東京都新宿区揚場町2-18
白宝ビル5F

フォレスト出版株式会社
愛読者カード係

フリガナ お名前	年齢　　　歳 性別（ 男・女 ）
ご住所 〒 ☎　（　　）　FAX　（　　）	
ご職業	役職
ご勤務先または学校名	
Eメールアドレス メールによる新刊案内をお送り致します。ご希望されない場合は空欄のままで結構です。	

フォレスト出版の情報はhttp://www.forestpub.co.jpまで!

フォレスト出版　愛読者カード

ご購読ありがとうございます。今後の出版物の資料とさせていただきますので、下記の設問にお答えください。ご協力をお願い申し上げます。

●ご購入図書名　「　　　　　　　　　　　　　」

●お買い上げ書店名「　　　　　　　　　　　」書店

●お買い求めの動機は？

1．著者が好きだから　　2．タイトルが気に入って

3．装丁がよかったから　　4．人にすすめられて

5．新聞・雑誌の広告で（掲載紙誌名　　　　　　　）

6．その他（　　　　　　　　　　　　　）

●本書についてのご意見・ご感想をお聞かせください。

●ご意見・ご感想を広告等に掲載させていただいてもよろしいでしょうか？

□YES　　□NO　　□匿名であればYES

のことを知ることなくして、前の会社の顧客に接しないですむ方法はない。

あの非競争契約に従う唯一の方法は、顧客の個人情報を載せたリストを持つことで、それにより彼女が前の会社の顧客を見分けられるということになる。しかし、前の会社が彼女にそのようなリストを渡すわけがなかった。なぜなら、彼女はライバル企業で働いているのだから。

ジンジャーはジレンマを感じたが、実際は、前の会社がもたらした問題なのである。非競争契約という条文は、それ自体に矛盾を含んでいた。彼女は、その矛盾を突くことで非競争契約から自分自身を解放できるのである。

彼女は気分が良くなって、前の会社の法務担当者に電話をした。彼女はその担当者に、自分は契約を遵守することを請け負うと説明した。しかし、担当者がそう聞いて安心したのも、彼女が次のことを言うまでのことだった。

それは、彼女には困っている問題があり、自分が在職中、すべての顧客を知らなかったということである。なので、彼女は過去4年間の顧客情報が入った完璧《かんぺき》なリストを送ってほしいと担当者に頼んだのである。

当然、担当者は「企業秘密のためにそれは当然できない」と言った。そこでジンジャーは、そのリストなくして契約を遵守できないことを説明した。担当者は考え込んでしまい、電話越しで黙ってしまった。そして「もう、あの契約のことを心配しないでくれ」とつぶやいたのである。

ジンジャーは自分のジレンマから脱出する方法を見つけ出した。しかし、新しい会社の法務担当者はそれに気がつかなかった。その担当者は、彼女が署名した契約書の細かい規定についてはは理解していて、自分の職務とは法律上の義務を解釈することにあると考えた。反対にジンジャーは、その規則の影響や制約について検討し続け、ついに脱出口を発見したのである。

積極的な態度は、根気強さにつながることにもなる。そういった人は、失敗することに対してより寛大であり、重大な問題に必ずしも思い留まることがないのである。

❖「具体的な考えにとらわれた推論」から失敗する

矛盾や曖昧さに対してどれだけ寛大でいられるのかについては、人によって異なるものであるし、また、その人の性格からも影響を及ぼす。自分たちが正しいとは思わない考えをどれだけ受け入れられる心の準備ができているのか、また、もともとのストーリーとは異なる世界の展開をどれだけ楽しく想像できるのかという点で、人はそれぞれ異なるものである。

思索することにイライラしてしまう人もいる。そのような人たちは、概念上の遊びのような思索を精神的未熟さの表れだとみなす。自ら心を閉ざし、グループの誰かが急に話を脱線すると呆《あき》れ果ててしまう。彼らは具体的に物事を考える人たちで、想像力を働かせるのではなく、事実に集中したいだけなのである。

このように、人が具体的に推論するスタイルをとるのであれば、その人は「見えない問題を見抜く力」を十分に発揮することができない。

遊び心がある推論のスタイルとは、アイディアを思いめぐらせたり、仮のシナリオを想像することを好むものである。

相反する双子の事例のうちの約半分、30件中14の事例では、「見えない問題を見抜く力」を発揮したほうの双子に比べて、失敗したほうの双子は具体的思考になりやすかった。これは評価するのに難しい側面もあったが、事例を通してその傾向が浮き彫りになったのである。

以上、「誤った考えに固執する」「経験不足」「消極的な姿勢」「具体的な考えにとらわれた推論」、この4重苦が「見えない問題を見抜く力」を抑圧している。

しかし、私たちはここで用心しなくてはいけない。この4つの理由は、私たちの発見への障害となるものであるが、その一方で、**積極的な姿勢でいることが成功を約束してくれるものでもない**ということである。

私が引き合いに出した事例はすべて成功例であった。もちろん、まったく不安定で当てにならない信念を根本から解決し、専門性を身につけ、積極的になり、根気強い態度で、バカのように推測し、それでも最後は何も得ることがなかったという事例も多くある。

「見えない問題を見抜く力」を抑圧する4つの要素に含まれていないものは何だろうか？

知能もその要素なのだろうか？

私は、知能の違いが影響することを見いだすことはできなかった。なぜなら、その30の事例のほとんどは、双子が問題に困惑して悩むにしても、かなりの知能が必要となるからである。

CHAPTER 11

厳格なＩＴシステムが直感を鈍らせる

ＩＴは人間の問題解決を支援できるのか？

コンピュータが私たちの生活の隅々まで浸透してくるにつれて、ＩＴ技術者たちはどうやって、より有効に使えるようになるのかについてのガイドラインを考え出してきた。ソフトウェア開発者、情報管理の専門家、人間工学の専門家、その他の多くの専門家たちは、使いやすく、かつ私たちが目的を達成するための意思決定の支援システムや情報管理システムへの提言を行ってきた。

私は、より一般的なガイドラインのうちの４つを選んでみた。それらは、コンピュータに基づく支援システムを設計するために役立つものという印象を与えてくれる。ここで私たちが検証する疑問点とは、「そうしたガイドラインが、『見えない問題を見抜く力』にどのような影響を与えるのか？」ということである。

ガイドライン1 ＩＴシステムは、作業の効率をより一層向上させてくれるはずである

ガイドライン2 ＩＴシステムは、重要な手がかりを明確に表示してくれるはずである

ガイドライン3 ＩＴシステムは、無関係なデータをフィルターにかけて処理するはずである

ガイドライン4 ＩＴシステムは、人が目的に向かって進行していることを管理してくれるはずである

こうしたガイドラインは極めて合理的であり、私たちはこれらに従わざるを得ないように思える。人が「見えない問題を見抜く力」を働かせなくてはいけないときに、どれだけシステムが役立つものなのかを検証してみたい。

それには、ダニエル・ブーンが、自分の娘と娘の2人の友人を誘拐犯から守った事例がある。この事例から、私たちは4つのガイドラインを用いて、娘たちを救助しようとするブーンの試みに協力できるはずだったのかを検証してみたい。

❖ 誘拐された娘たちを助けろ！

ダニエル・ブーンは狩猟家であった。彼はケンタッキーを冒険して入植し、インディアン（注：ネイティブ・アメリカンが正しい呼称であるが、原訳通りとする）のショーニー族と戦い、北カロライナとテネシーからケンタッキーへつながる荒野の道を開拓したことで有名な人物である。狩猟は、獲物がどこへ向かっているのかを先回りして予想する必要がある。こうした予想は、「見えない問題を見抜く力」に依存するものである。

獲物を予想して追跡する彼の能力が発揮されたのは、1776年、自分の娘を誘拐した襲撃隊を探し出さなくてはならないときのことだった。

その年、チェロキー族の2つの部族とショーニー族の3つの部族からなる戦闘部隊がブーンズボロ周辺の地域に侵入してきて、その辺りを1週間以上も探索し続けていた。インディアンたちは数マイル離れた場所に住む農民を殺していたが、ブーンズボロを綿密に調べ、襲撃する機会をうかがっていたのである。

7月14日の日曜日の午後、ブーンの13歳の娘ジェマイマと彼女の友人2人がカヌーでピクニックに出かけた。ジェマイマは足を怪我していて、ケンタッキー川で足を癒したいと思っていた。ブーンは、娘に川岸の近いところにいるようにと注意したが、彼女の友人ベッツィーはカヌーの舵《かじ》を川の中央のほうへ切り、カヌーが川の流れに乗ってしまった。

インディアンたちはその様子を見て、下流へ走った。カヌーが川岸から離れて行ったとき、インディアンの1人が川に飛び込み、弓の弦に手をかけた。ベッツィーの妹ファニーは、カヌーのパドルでインディアンの頭を何回か叩き叫んだが、インディアンはすぐにカヌーを反対岸へ引き寄せ、3人の少女を森の中へ引きずり込み、ナイフをちらつかせて脅した。

その叫び声は、入植者たちの耳にも届いていた。ブーンは、その叫び声を聞くと裸足で家を飛び出した。彼は、娘たちをどこかへ連れ去ったインディアンたちを追いかけた。

初めにやらなくてはならないことは、ケンタッキー川を渡ることであった。ベッツィーとファニーの父リチャード・キャロウェイは、騎馬隊を編成して1・6キロほど離れた川の下流まで向かわせて、川を渡らせようとした。また、1人の勇敢な男が放置されたカヌーのある反対側の岸へ向かって川を横切って泳ぎ、カヌーを漕いで戻し、ブーンたちを乗せて再び反対側の岸へ向かった。

ブーンは誘拐犯たちを捕まえなくてはならなかった。彼は仲間を二手に分け、グループのうちの数人を上流へ向かわせ、残りのメンバーを下流で待機させた。ブーンは何も手がかりを見つけることができなかったが、合流したキャロウェイたちの騎馬隊の中に入った。

彼らは、インディアンたちを探し出すのにじっとしていられなかった。馬に乗れば、インディアンたちよりも速く移動することができたし、キャロウェイも自分の娘たちを探し出すのに必死だった。

❖「見えない問題を見抜く力」を働かせ、娘たちを救え！

ケース1　騎馬隊の向かうべき方向を変える

確かに、馬は平野では人間よりも速く走ることができる。しかし、インディアンたちは森の中に逃げ込んだのであり、そうなると馬の強みは半減してしまう。ブーンは日が落ちる前までに、どうやって自分たちが娘たちを探し出すのかを考えていた。しかし、どの方向へ向かえば良いのかわからなかった。探し回ることは、単なる徒労に終わるように思えた。

そこで、彼は違うアイディアが閃いた。彼は、騎馬隊に探し回ることを止めさせた。

ケンタッキーでの紛争のほとんどが、入植者とショーニー族との間で生じていることをブーンは知っていた。それゆえに、娘たちを誘拐したインディアンたちはおそらくショーニー族であるだろうと推察した。その近辺にはショーニー族の村はなかった。彼らの大集落はオハイオ川北部にあった。

ブーンは、1769年にショーニー族に捕らわれたことがあった。しかし、彼らがオハイオ川を渡ろうとしたとき、何とか脱出できたのである。それゆえに、ブーンは娘たちを誘拐したインディアンたちは、ショーニー族の大集落がある北方へ向かったと考えた。

インディアンたちが娘たちを誘拐しようとしたとき、彼らはカヌーでオハイオ川を渡り、そのカヌーをケンタッキー側の岸に着けて隠し、そこから走ってブーンズボロへ向かったと判断したのである。彼らが戻るときは同じルートをたどると考えられた。

つまり、インディアンたちはオハイオ川南方のリッキング川を渡ったことになる。カヌーを使わないでリッキング川を渡るのに一番いい場所は、アッパー・ブルーリックスにある浅瀬ということになる。

ブーンはインディアンたちがたどるであろう道のりを予想し、キャロウェイら騎馬隊が待ち伏せるための特定の場所を想像したのである。ブーンのアイディアには、インディアンたちが川を渡ったときに一か八かで奇襲をするという計画も含まれていた。

「発見への3つのプロセス」のうちの「やけっぱちな推測」を働かせたのである。ブーンたちはインディアンを探す必要はなかった。けれども、待ち伏せする必要はあった。

ブーンのアイディアから、キャロウェイは、インディアンたちがアッパー・ブルーリックスへ向かっている理由がわかった。彼は待ち伏せするための場所を探し、さらに仲間が身を隠すところを見つけようとした。

キャロウェイの困惑と絶望感は、決心に変わった。彼の行動の目的は、娘たちを探し出すことではなく、身を潜めることになったのである。

一方、先に川の上流へ向かった救助隊たちは、誘拐したインディアンたちの跡を確認し、さらに追いかけた。キャロウェイを待ち伏せ場所で待機させたあと、ブーンと仲間たちは追跡を始めた。ブーンの獲物を追う勘に頼りながら。

娘たちは自分たちの服の一部をちぎって、彼女たちの移動の痕跡《こんせき》の目印にした。しかしブーンは、逃げるショーニー族たちとの距離の差が広がっていると判断した。そして、彼らを捕まえられることはあり得ないだろうと考え、落胆した。

ケース2　追跡を止めるという決断

ブーンがまさに予想した通り、インディアンたちは北へ向かった。インディアンたちは3人の娘たちを連れてオハイオ川を越えて、アッパー・ブルーリックスへ向かっているとブーンは確信した。したがって、彼は戦術を変えたのである。徒労となる追跡にこだわる代わりに、彼は仲間たちをアッパー・ブルーリックスへ直接向かわせたのである。そこにキャロウェイと彼の仲間たちが待っていた。彼らは追跡を止めることに不満であったが、ブーンの命令に従った。

ブーンの第2のアイディアは、「やけっぱちな推測」による別の考えである。つまり、彼らがインディアンたちを追跡して捕まえることができるだろうという思い込みを捨て、どうやって彼らとかち合うことができるのかと考えることであった。

第1のアイディアの場合と同じく、第2のアイディアも話の流れを変えることになった。彼はインディアンたちを追跡することから、彼らの行動の予想をすることに注意を傾けた。アッパー・ブルーリックスにできるだけ早く到着するための地形を読むことに、注意を注いだのである。

ブーンはインディアンたちの逃げた痕跡を見つけたが、それを追跡したいという自分の衝動を抑えた。彼は追跡をしないと決めたときは落胆した。しかし、新しい戦術をとることを決めてからは元気を取り戻したのだ。彼の目的は、インディアンたちを追跡することから、自分たちとかち合わせることに変更されたのである。

ブーンたちは、インディアンたちよりも速く移動することができた。なぜなら追うべき対象がなく、かつインディアンたちよりも高い緊迫感を持っていたからである。3日目までに、ブーンたちはインディアンたちの逃げた跡を発見した。

それは、インディアンたちがわずか1時間ほど前にその地点にいたことを示すものであった。内臓が取られ、血を流している子牛の死体を見つけたからである。

ケース3　奇襲は見事に成功

ブーンは、内臓を取られて間もない子牛の胴体を見て、インディアンたちは食事の準備をしていたと推察した。それは、彼らが新しい水源にたどり着いたときに料理を始めたということだった。

ブーンの仲間たちがボルド・イーグル川に着いたとき、彼は、その川をインディアンたちが水源として利用したかったのだと気がついた。

ブーンは仲間を二手に分けた。一方はボルド・イーグル川の川上へ、もう一方は川下へ行かせた。川上へ向かったグループは、インディアンたちの居場所を発見した。

そこでブーンの第3のアイディアが閃き、考えが一変した。

つまり、インディアンたちはすぐ近くにいて、キャンプを張っていることで攻撃にさらされやすくなっている。だから、インディアンを包囲して攻撃する。彼は違った角度から水源とインディアンのキャンプを探ったのである。ブーンの感情は、決心から興奮に変わった。彼の新しい目的は、奇襲を仕掛けることである。

インディアンたちはキャンプを張り、リラックスしてキャンプの火で子牛の肉を焼いていた。ブーンは正しかった。あの子牛の死体から「出来事のつながりを見抜く力」を働かせて、彼らが次に何をするのかがわかったのである。

ブーンのグループはインディアンたちを囲み、奇襲を仕掛ける準備を始めた。ジェマイマは、父がほふく前進で近づいているのを見つけた。すると、彼は「静かに」と彼女に合図した。ブーンの仲間たちが狙撃《そげき》し始めた。娘たちが状況を察知して地面に伏せた。

インディアンたちは武器も持たずに逃げた。2人のインディアンは、その時の傷が原因で後になり死亡した。インディアンたちは逃げたが、それ以上、追跡することはしなかった。
こうして、ブーンたちは、3人の娘たちを無傷で救うことができたのである。

ここで私たちは、現代使われているテクノロジーのツールをブーンに与えることで、それがどのように彼を支援することができるのか考えてみたい。

ITシステムが人間を支援してくれるのか検証する

ガイドライン1　ITシステムは、作業の効率をより一層向上させてくれるはずである

ITシステムは「インディアンを捕まえることがキャロウェイの作業」であり、「インディアンの跡をつけることがブーンの作業である」と認知することだろう。そして、いったん戦術を変更した場合、この全サポートシステムは役立たなくなる。ブーンがひとたびインディアンたちを追跡することを止めたのならば、そのITシステムは停止してしまうだろう。彼は速く動きたいために、そのITシステムを藪《やぶ》の中に放り込んでしまっていたかもしれない。

人々が効率良く作業をするために目的を設定することは、明確な作業内容がすでに決め

られていて、安定した条件で作業が行われる場合だけに意味がある。**人のアイディアが閃いた結果から作業内容が変更されるのならば、そのＩＴシステムはもう適用できないことになる。**

騎馬隊の作業は、追跡することから待ち伏せすることに変わった。ブーンの仲間たちの作業は、追跡からインディアンたちとかち合わせることに変わった。

私たちが作業を効率良くするために設計したＩＴシステムは、彼らの作業の進行を止めさせてしまい、しかも、彼らがアイディアを閃くためのチャンスまでも限定させてしまうかもしれないのである。

このガイドラインは、人々が作業を考え直すことをかえって難しくさせてしまうこともあり得るのだ。ブーンとキャロウェイが戦術を変えたことで、２人は貴重な時間を使って、再度、プログラミングするはめになるだろう。人はときどき、作業を慌てて変更することを避けるために、従来の作業に固執しやすくなるのだ。

ガイドライン2 ＩＴシステムは、重要な手がかりを明確に表示してくれるはずである

このガイドラインは、さらに良くない。何かのアイディアを閃いたあとに思いがけない形で関連がある手がかりを、私たちはおそらく見逃すことになるからだ。

騎馬隊がインディアンたちを探し出すための手がかりは、待ち伏せするという新しい戦術とは無関係なものである。ブーンが、ショーニー族のインディアンたちを追跡するための手がかりについて、彼が追跡を止めることをひとたび決断したのならば、それは無関係なものになる。

多くのコンピュータの支援システムは、データベースから出入りする情報に依存している。また、そうしたデータベースは構造化されているので、利用者は情報を見失うことなくして操作することができる。

ところが、知的労働者たちがさらにアイディアを出すことで考え方を改めるのならば、元来のデータベースの構造は古くなってしまうのである。このようなことが生じるとき、**元来のデータベースの構造は取り扱いが厄介《やっかい》になり、「見えない問題を見抜く力」を発揮するうえでの障害になる**のである。

ガイドライン3　ITシステムは、無関係なデータをフィルターにかけて処理するはずである

このガイドラインは有害である。騎馬隊はアッパー・ブルーリックスまでの道のりを知る必要があったが、ITシステムは追跡の手がかりを価値がないものとして処理してしまうだろう。

子牛の死体という手がかりは、ブーンたちがインディアンたちに近づいていることを示す情報のごく一部にすぎないとして重視されることもないかもしれない。つまり、新しいアイディアを生み出すための中心的な存在として強調されることはないのである。ブーンを支援しようとしたＩＴシステムは、新しい手がかりをかえって目立たなくさせてしまうのだ。

無関係なデータをフィルターにかけて処理するというＩＴシステムの取り柄は、私たちが事前にどのデータに関連性があるのかを知っている限りにおいて効果的であると思われる。しかし、**私たちのアイディアが閃くことを助けてくれるような出来事や、思いがけない形での関連性ある手がかりまでも処理してしまう**。

ガイドライン3のような、無関係なデータをフィルターにかけて選別して処理したいという願望は理解できる。多くの人は、データ処理に手を焼いて、自分たちに協力してくれるものは何でも、ありがたいと思うものである。

たとえば、グーグルのような検索エンジンは、あまりにも「役に立ちすぎる」のである。私たちの好みの傾向を知り、満足させてくれるマッチングを示してくれる。しかし、私たちはそれ以外の選択肢を見ることがなくなるのである。政治サイトでは、グーグルが自分の政治思想に合う記事を見つけ出してくれて、自分の好みではない範疇《はんちゅう》ものは処理してしまうのである。

グーグルのようなシステムは、私たちが何を好まないのかを判断するので、そういったものまでもフィルターにかけて処理する。もしくは検索すると、25ページ以降にやっとヒットするというような、奥底に埋もれてしまうのである。

ガイドライン4　ITシステムは、人が目的に向かって進行していることを管理してくれるはずである

このガイドラインもまた、問題を生み出すことになる。管理システムは、私たちが計画通りに作業が進んでいるのかを支援してくれるだろう。しかし、仮にプロジェクトを開始したあとに、その作業過程をどのように再構成するのかについてのアイディアが閃いたのならば、管理システムは障害となり得る。

さらに悪いことに、**目標をどのように修正するのかについてのアイディアが閃いた場合、すべての進行指標はもはや使い物にならない**のである。

元来の目的への進行具合を管理するツールは、インディアンたちを探し出すのに不適合な方法を指示することで、騎馬隊を困らせることになる。また、ブーンに最適な追跡ルートを選ばないように絶えず指令するのである。

ブーンがショーニー族を追跡するのを止めたとき、そのシステムは、彼に「急いで追いかけろ！」と指示するのである。さらには、アッパー・ブルーリックスへ急いで向かわせる代わりに、ブーンたちをボルド・イーグル川で時間を無駄に過ごさせるだろう。こうしたツールほど、私たちの「見えない問題を見抜く力」を退化させるものはない。

「見えない問題を見抜く力」は、出来事を把握するために利用するストーリーでの中心的な考え——それを「考えの根拠」とも呼べるが——を他に転換することで、私たちの「理解」を変えるのである。

「発見への3つのプロセス」が示していることは、私たちが新たに理解することによって、実行可能な「行動」についての新しいアイディアを私たちに提供してくれるのである。新たに理解することによって、「感じる」ための感情も変えることができる。また、私たちが何を「欲する」のかについても影響を及ぼす。しかし、こうした最終的な結果は、ガイドライン4によってかき乱されてしまうのである。

精密なITシステムほど「見えない問題を見抜く力」を退化させる

4つのITガイドラインのそれぞれは、秩序性とシステム構造に依存したものである。

その一方で、**「見えない問題を見抜く力」というのは無秩序なもの**である。意思決定支援ツールやＩＴが設計する手段を変更するためにも、システム開発者たちは、その作業がどのように行われるのかについて注意を払うのではなく、むしろ、意思決定者に対して物事を発見するための余地が与えられていることに、より注意を払うべきだろう。

つまり、意思決定者に作業を変更できるようにするための自由度を増すようにするということである。システムの設計者たちは、利用者たちが困惑されることもなく、目的と計画を容易に変更できるようにするべきである。

私はシステムからの指示によって、物事がうまく運ぶとは思えない。よって「見えない問題を見抜く力」を助長するようなシステムを設計できる可能性について、私は楽観的になれない。

４つのガイドラインは、実に従わざるを得ないような強制力がある。私は認知システム工学のセミナーを開催したとき、このガイドラインを提言したことがある。私はこの研究を開始するまでは、そうしたガイドラインを信じていた。もちろん、今でもガイドラインは有効であると考えている。

しかし、今となってわかっているのは、システム設計がすでに古くなり、必要ではない作業に留まらせることで、「見えない問題を見抜く力」にどれだけ悪影響を及ぼしているのかということである。

精密ＩＴシステムが「見えない問題を見抜く力」をときどき阻害し得るものならば、組織にもたらす影響は比べ物にならない。すなわち、組織は「イノベーションに価値をおいている」と主張するが、実際にどのように運営されているのかを知ることなく検証することはできないということである。

CHAPTER 12

組織は「見えない問題を見抜く力」をどのように抑圧しているのか？

❖組織が抑圧する動機

組織は、意図的に従業員たちの「見えない問題を見抜く力」を抑圧していることがあり得るもので、従業員たちは習慣化され、しかも見分けがつかないような抑圧的な方法に従っている。このチャプターでは、まず組織が、このような抑圧的な方法をとる理由について模索してみる。次に、組織が従業員たちの「見えない問題を見抜く力」を抑圧する方法を検証する。

組織が従業員たちの「見えない問題を見抜く力」を抑圧するのは、その組織の奥深い内部に根づいたＤＮＡに原因がある。

ＤＮＡとは、組織は予測可能であることに価値を置き、予測不可能なことを退け、完璧であることを求め、誤りがないことを期待する体質のことである。

不確実性や誤りを最小限に抑えることを渇望《かつぼう》するあまり、組織は「予測可能性の罠」と「完璧主義の罠」にはまってしまうのである。

●「予測可能性の罠」にはまる組織

あなたが、かなり重要で複雑なプロジェクトを任されたと想像してみてほしい。あなたは、プロジェクトチームが成功することを望んでいるし、そうなることを信じている。そして、画期的なアイディアを生み出してくれるすべてのものを実際に試してみたいと思っている。

このプロジェクトは期日通りに、しかも予算内で完了しなければならない。あなたは、関係のない作業が1つでも入っていたり、作業の途中で「何か思いがけないことが生じる」ような計画を受け入れることはできない。そこであなたは、プロジェクトが遂行できるように計画を練る。

計画のタイムラインは、各段階がいつから始まり、いつ終わるのかがわかるように設計されている。あなたは、各段階で配分されるべき資源（お金や時間）の量も計算している。そして、各段階で責任を持つメンバーをそれぞれ指名している。

計画が狂ったときでさえも、その原因を察知し、資源を再配分することで期日が遅れることはない。気づいていただきたいことは、あなたはプログラム管理者として、自分の時間の大部分を計画の進行具合に割き、計画を微調整することである。この時点で、「見えない問題を見抜く力」を発揮させることについては何も考えていない。

1人の女性チームメンバーがあなたのオフィスに入って来て、「あの、ちょっと迷っていることがあるのですが、何人かのメンバーを入れ替えるのはどうでしょうか？　私のグループは、他のグループの方からのスキルを必要としています。いつもその方から電話でアドバイスをもらっています」と告げた。「いい考えだね。ちょっと考えてみるよ」とあなたは返事をした。

しかしあなたは、応対しなくてはならない3本の電話と、会議の準備にほとんど気がとられていた。そのうえ、メンバーたちを変えることは些細な問題ではない。

ついに、プロジェクトチームの現場監督が怒り出した。

チームメンバーたちも、なぜ自分たちの仕事が他のグループに割り当てられなかったのかと心配した。あなたは苛立《いらだ》ちを覚えながらも、自分にこう言い聞かせた。

「自分のところに来た彼女には、善意からあのような提言を受け入れたが、それが原因で問題が生じることになるということを予期できなかった。私に問題を対処できるほどの経験がない」

他のメンバーは、もっと良いアイディアがあった。あの女性メンバーは、プロジェクトの計画をどうやって修正し、複数の作業を一緒にまとめ、顧客になおさら有益であると思わせるような商品を生み出すための優れたアイディアを思いついたのである。

今回、あなたは、彼女の提言に応じて動くときである。あなたは、彼女の提言を上司に伝えた。しかし上司は、あなたに対し、ゆっくりとこう告げたのである。

「プロジェクトで規定されている作業方法に従うよう、契約書に書かれているよ」

あなたは、作業とゴールについてのアイディアを上司に話したことから、彼との関係が悪化したと考えるだろう。仮に他に優れたアイディアがあっても、上司に報告するようなことはもうしないと思うはずだ。一方、上司はあなたのことをもはや頼りになる人物とは思わなくなった。

あなたは一体、どうしたというのだろうか？ もしあなたが、このプロジェクトを企業経営者のように考えるならば、予測可能性に高い価値を置くことになる。作業の流れ、資源、そして予定を正確に予測できるのならば、仕事は非常に簡単になるだろう。

つまり、「予測可能性の罠」にはまっていることになる。あなたが予測可能性の魅力に取りつかれているので、高すぎるくらいの優先順位に置いているのである。

「見えない問題を見抜く力」とは、予測可能性とは正反対のものであり、秩序をかき乱すものである。それは、事前に警告することもなく生じ、予期しない形で現れ、想像もしなかったような出来事をもたらす。

この「見えない問題を見抜く力」は、私たちにリスクももたらすことになる。それは、あなたが問題に巻き込まれるかもしれないという、事前に予見できない落とし穴のことである。ということは、そうした作用に対して、あなたは一層働かなくてはならないということである。

私たちは、プロジェクトと人材をより良く管理したいので、予測可能性を向上させたいと思うものである。そうしたことは、すべての経営者たちと組織からすれば、当然のプレッシャーである。

プロジェクトのリーダーとして仕事を遂行するために、あなたはアイディアに頼ることはできない。そういったアイディアをタイムラインに組み込ませることもできない。その代わりに、すべてのプロジェクト管理者のように、あなたはすべての必要な作業、開始日時、終了日時、判断するための基準、目標を明確にしようとするのである。
そのような体系的なアプローチの仕方は、「見えない問題を見抜く力」から生じたアイディアによるものではないのである。

●「完璧主義の罠」にはまる組織

私は「完璧主義」をミスがないことと定義している。組織は、ミスを減らすことに自然と魅了されるものである。ミスは簡単に定義でき、簡単に測定でき、簡単に管理できるものだからだ。ミスなく完璧であることへの願望、完璧主義の願望は、予測可能性の願望に決してひけをとらない。

非常に秩序だった状況において、明確な目的と判断基準と安定した条件が伴っているとき、完璧主義の追求は意味がある。しかし、複雑で混沌《こんとん》とした状況に直面し、その時々で判断基準が変化し続けるようなとき、完璧主義は意味がなくなる。

2012年8月、私はロンドン・オリンピックで、ギャビー・ダグラスが女子体操個人総合で金メダルを獲ったときのビデオをたまたま観ていた。審査員たちはおそらく、種目の難易度に基づいて点数の上限を設定していた。
「あっ、ロシアの選手が平均台から落ちました」と、実況放送をしているアナウンサーが言った。彼女はそれで丸ごと1点失うことになる。ギャビーも跳馬の競技中、着地の際に少し跳ねてしまった。それで彼女も少々減点されることになる。

芸術性についてのコメントは、ほとんどない。この採点方法により、審査員はより簡単かつ客観的に評価することができる。その結果、より競技を管理しやすくなり、体操という競技が変えられてしまった。

この競技の採点方法に私たちが抱く印象とは、金メダルに値する演技とはほとんどミスをすることもなく、おそらく着地の際に精一杯の笑顔を見せることだけに集約されるということだろう。

同様に、組織は数多くの理由からミスすることを嫌う。ミスによって、プロジェクトが成功する機会を減らすことになるし、組織の文化を侵すことになる。プロジェクトリーダーとしてのあなたの仕事は、自分の時間の大部分をミスに注意し、ミスを訂正するという認識を持つことである。

あなたは、メンバーたちが仕事の基準を満たしながら働いているのかということを継続的に管理することになる。仮に作業が予定から遅れていることに気がついたら、あなたは直ちに予定通りに訂正することである。

ミスを抑えることで組織を管理することは、「見えない問題を見抜く力」を向上させようとすることよりも楽で、しかも気を紛らわされることも少ない。

完璧主義は、まさに体操選手が規格化された動きを完遂するかのように元来の計画を厳格に実行することである。ところが、**「見えない問題を見抜く力」というのは完璧主義を超えるものであり、この力は、元来の計画をより良くするもの**である。それなのに、どうして自分たちを当初の目標にがんじがらめに縛る必要があるのだろうか？

あなたは、その答えを知っている。完璧にこなすこと以外のことをしても報われることもないし、もし完璧にできなかった場合、多くの不都合な問題が生じることになるからである。だから、完璧主義を妥協して受け入れているのである。

こうして、あなたは「完璧主義の罠」にはまることになる。ミスを抑えて当初の目標を到達させたいという願望にかられることで罠にはまるのである。そして、ミスをしないこと自体が自分の仕事だと見なすようになるのである。

しかし、私たちが複雑な状況に陥ったり、正解が存在しない難問に対処しようとする場合には、問題に立ち向かうための目標を見つけなくてはならない。完璧主義という概念は、そうした状況では機能しないのであり、当初描いた成功像にこだわることが良くないのである。

私たちは本来、最初のビジョンよりも、より優れたビジョンについてのアイディアを求めるのである。

次ページの図は、チャプター1でも紹介したが、私が「見えない問題を見抜く力」を模索し始めたときの「パフォーマンスのモデル」である。

この方程式は、私たちがパフォーマンスを上げるために、2つのことをしなくてはならないことを示している。下への矢印は、私たちが抑えなくてはならないミスや不確実性を示している。私の研究の初期の図では、ミスを減らすことだけを指摘してきたが、組織は完璧主義だけでなく予測可能性についても関心を払っているので、方程式に不確実性もつけ加えたのである。

上への矢印は、私たちが向上させたい「見えない問題を見抜く力」を示している。パフォーマンスを上げたいのならば、私たちはミスや不確実性を抑え、「見えない問題を見抜く力」を向上させる必要がある。

残念ながら、この2本の矢印はしばしば互いに相反するものである。私たちがミスと不確実性を減らすための行動は、「見えない問題を見抜く力」の障害になる。したがって、組織は2つの均衡をとらなくてはならない。

個人・組織を左右する2つの矢印
「パフォーマンスのモデル」

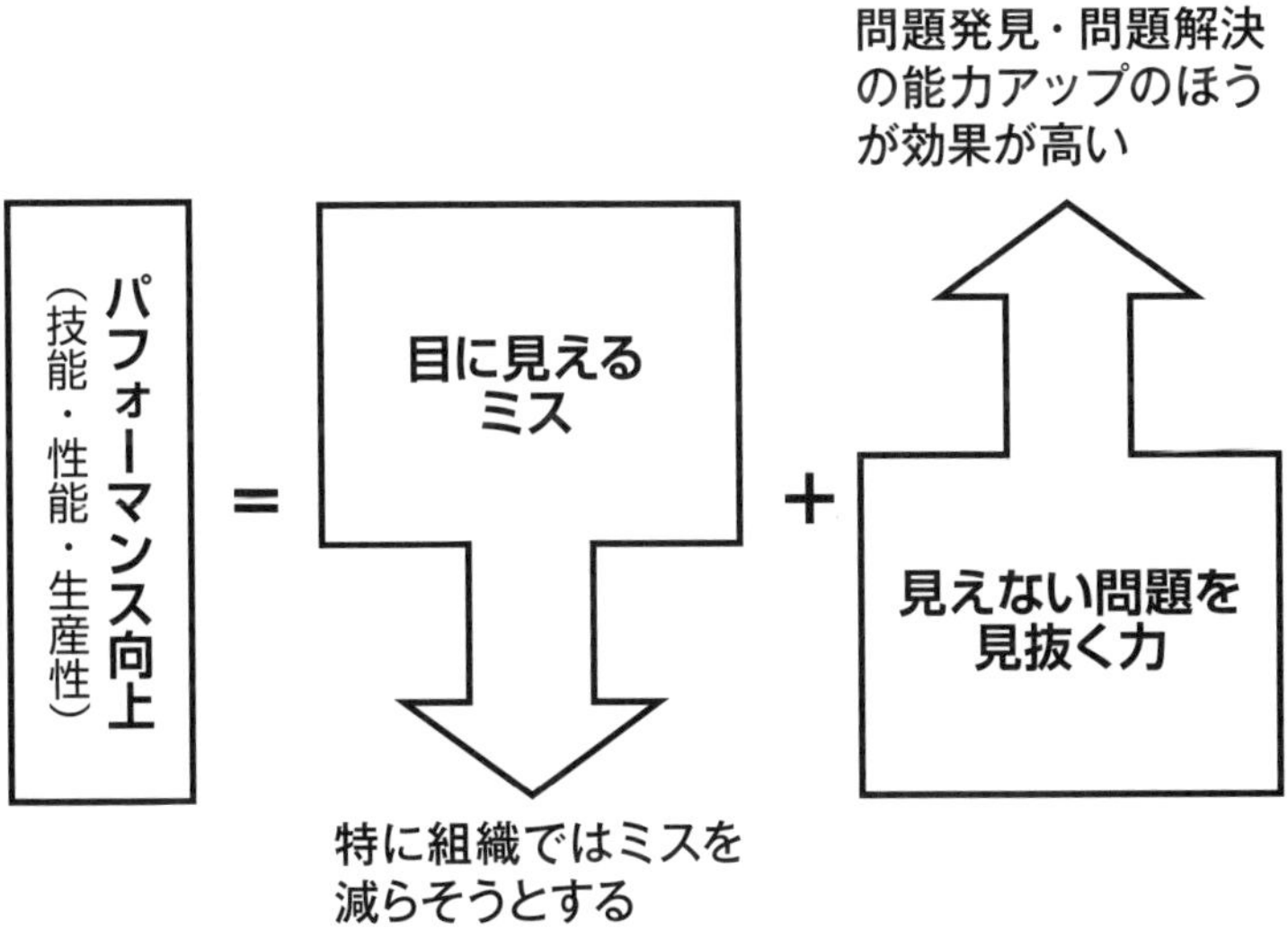

しかし、**組織は何かを発見することよりも、ミスや不確実性を減らすことばかりに偏ってしまう**のである。こうして組織は「予測可能性の罠」と「完璧主義の罠」にはまってしまうのである。

組織が抑圧する方法

ここまで、なぜ組織が従業員たちの「見えない問題を見抜く力」を阻害するような手段を取りたがるのかについて考察してきた。そこで、組織が阻害する方法をいくつか検証してみたい。

まず、経営管理がどのように悪影響を及ぼしているのかについて考察する。それから、組織構成そのものが、どのように抑圧しているのかについても検証してみる。

●ミスをなくすことを強化する

ミスを減少させるための大改革を行う組織については、諜報《ちょうほう》機関がその良い事例となる。

2003年、米CIAはホワイトハウス側が抱いていた「サダム・フセインは核兵器を秘かに開発している」という疑惑を表明した。結果として、アメリカは核兵器を撤廃させるためにイラクに侵攻することになったが、何も発見されなかった。

CIAは、このようなミスを犯す可能性を抑えるために、「判断基準および統制体制」を整えた。分析官たちが今まで以上に慎重に「すべての情報源を記録」し、「想定事項を明確化」し、「想定事項の不確実性を予測」するというものであった。

特に、トレードクラフト（注：スパイ活動で必要になるノウハウや技能のこと）は、最も必要なスキルで、事前対策のための技能である。場合によって、下級分析官たちが何か重要な情報を見逃したとしても心配する必要がないようになっている。こうしたトレードクラフトのルールを破らないかぎりは、下級分析官は非難されることはない。それゆえ、彼らの仕事はミスをしないことなのである。

しかし、経験を積んできたある分析官が、私を信用してくれて打ち明けてくれた秘密がある。それは、彼が成功してきた個々の諜報活動は、ある程度トレードクラフトを違反してきたことによると言うのである。

諜報組織には、トレードクラフトを執行する一団、「情報分析保全評価基準局（AIS）」がある。私は諜報組織の上級分析官たちに、「AISに匹敵するような、『見えない問題を見抜く力』を伸ばす執務室が諜報組織の内部に存在しないのか」と尋ねてみた。すると、彼らはぽかーんとした顔で、

ミスや不確実性を減らすための方法

- ✓より厳しい基準を設定する
- ✓管理を強める
- ✓すべての情報源を文書化する
- ✓想定していることをつかむ
- ✓そういった想定に対して、不確実性の値を概算する
- ✓検討する回数を増やす
- ✓一層厳しい方法で結論を立証する
- ✓チェックリストや手続き方法に頼る
- ✓より忠実に、予定日に間に合うようにする

私のことを見つめていたのである。

ここで、さまざまな職業で見いだされる、ミスをなくす下への矢印を伸ばすための方法がある。それらは下方への矢印を伸ばすことを重視する経営者たちの道具であり、武器である。

上の表から、あなたは所属している組織からさらにいくつかの方法をつけ足すことができるだろう。

下方への矢印を伸ばす方法は、予測可能性や完璧主義を切望することにより動機づけされる。この方法は、いくつかの点において、「見えない問題を見抜く力」を伸ばすのに干渉することになる。

【私たちの注意が散漫してしまう】

「見えない問題を見抜く力」を向上させることに貢献しないような作業に、私たちは時間を浪費させてしまい、想像するための時間を失う。こうしたミスをさせない慣習は、思慮深い時間を奪うことになる。

人はその時間で新しいストーリーを作り出したり、物事の成り行きがどう進むのかということを推測したりするのである。

情報分析家たちが、警告すべきことを文書化し、検証・推察し、それを書類の条項につけ足すとき、実際に分類・整理するための十分な注意力はすでに残っていないのである。

【私たちは推察することが嫌になってしまう】

ミスを避けなくてはならないというプレッシャーから、立証できない直感や「見えない問題を見抜く力」を信用しなくなる。

【「見えない問題を見抜く力」を否定的な観点でとらえる】

作業を中断させるほんの些細なことでも、計画への脅威と見なされることになる。組織は物事をすぐに決め、討論を迅速に終えることを好むものだが、再度、検討することを求められると雰囲気が悪くなる。組織としては、会議での討論や推論をできるだけ早く終えようとするのである。

【私たちに例外を抑圧することを奨励する】

例外とは混乱を起こすようなものであるから、組織は例外など起きていないように取りつくろう。そして、組織が平常通りではないほど、私たちは組織に何か異変が起きているのではないかと一層疑うようになる。

【私たちを消極的にする】

チェックリストやマニュアルを信用することで、組織は従業員たちに「作業の過程にただ従って働くことを期待している」というメッセージを送ることになる。そのような雰囲気の中で情報を文書化したり、不確実なことが起こる確率値を割り出したり、想定していることをリストアップすることで忙しく、疲れて擦り切れてしまう。

しかし、ほとんどの従業員は、貴重な貢献をしたいと思っている。彼らのそういった努力が徒労になりかねないのも、文書化して確証をとることにより多くの時間と知的エネルギーを消費しているからである。

２０４ページにある表の行動のいくつかは、明らかに私たちにメリットをもたらしてくれる。「判断基準を持つこと」「経営管理をすること」「予定進行を確認すること」「自分たちの結論を立証させること」「チェックリストを使用すること」「予定表を作成すること」などである。

問題が生じるのは、そういった行動にあまりにも熱心なため、「見えない問題を見抜く力」が阻害されてしまうのである。

私は、ミスに対して重く考えるべきではないということを言っているのではない。

結局、アメリカは大量破壊兵器を探し出すという名目でイラクを侵攻したのである。ところが、諜報機関の仕事というのはミスを防ぐだけではない。警告を発し、「見えない問題を見抜く力」を発揮することも重要である。

仮にＣＩＡがあまりにもリスク回避型の組織に甘んじるならば、税金を投じるだけの価値はない。同様に、どのような組織においても主要な仕事は、良い商品と結果を出すことであり、ミスを避けることではないのだ。

経営管理において、予測可能性を高め、ミスを減らすことは、より良い経営状態にするために必要なものである。ところが、過剰な経営管理を求めてしまうのは、「見えない問題を見抜く力」を阻害するものであり、それは変化をもたらすのに、時間と労力というコストがかかるのである。

組織的に抑圧されるDNAプログラム

組織という概念は、割り当てられた職務に対する権限と責任系統を通して、確立された力関係の構造を必要とする。「見えない問題を見抜く力」は、私たちの理解、行動、認識、目的、そして感情を転換するものである。この力は、基本的に「組織を解体する」ものである。

もし1つのアイディアが、組織の最高レベルの意思決定者まで認められるものであるならば、各階層でそれが承認されなくてはならない。仮にCIAの下級分析官たちが何かの異常を感知して上層部に報告するにしても、その組織の上層レベルのどこかで彼らの報告がもみ消されてしまう可能性がある。

これが「**組織的抑圧**」というものである。

私が耳にしたCIAに関する話によると、ある下級分析官は、某国の政府高官が首脳に対してクーデターを企てようとしていると判断した。ところが、彼の上司は、その情報をアメリカ大統領日例報告に含めないように提言した。なぜなら、それはあまりにも例外的であり得ないことだと思われたからである。

問題は、組織の高位の人間が例外的な情報伝達をフィルターにかけて除外したり、拒絶することではない。下位の人間もしばしば情報の検閲をすることである。こうした情報のフィルターは、組織のすべての階層ではびこっている。

数年前、私は、例外的な情報を制御してしまう傾向に関する研究を、デイビッド・スノーデンと共に行ったことがある。彼は、センス・メイキング（情報伝達やデータを人がどのように理解するのかを調査する学問）の分野における一流の理論家である。

私たちは、「個人や集団が異常なものをどのように感知するのか」をテーマに研究してみた。「ガーデン・パス・シナリオ」といって、被験者に対して物事の成り行きについて誤った見方をするように仕向け、あとでその過程にある誤りを発見するための手がかりを被験者に探させる実験方法を活用した。

ガーデン・パスとは、心理学用語で、庭の中で草木や花に見とれて道を誤ることで、私たちは、筋道が通って話が進むように思われるようなシナリオを準備し、被験者に罠を仕掛けたのである。

それぞれのシナリオの中には、何か違うことが実際に起きていることをさりげなく教えてくれる弱いシグナル（合図）が隠されている。この弱いシグナルは、シナリオが進行していくうちに徐々に強まる。

私たちは、被験者たちがいつ本当の話に気づき、ガーデン・パスから抜け出せるのかを観察してみた。そして、４人の男性を1組のチームとした合計7組を被験者とした。彼らは軍の将校もしくは諜報機関の分析官たちであった。

軍人のチームは、敵軍の侵略の可能性についてのシナリオを当たらせた。情報分析官のチームは、国家安全保障のシナリオを当たらせた。私たちは、そういったチームが遅かれ早かれ実際の話に気がつくかどうか、知りたかったのである。

しかし、どのチームも、実際に隠された事実を見つけ出すことができなかった。それぞれのチームが、まるで何事もなかったかのように、ガーデン・パスが導くオリジナルの話を信じ続けたのである。

この結果から、さらに予期しない形で新しい事実が判明した。私たちは、それぞれのチームのメンバーにシナリオを読んでいるときに、自分たちの印象をノートに記録するようにお願いした。その後、ノートを読んだとき、チームの中に2、3人は弱いシグナルに気がついた人もいた。

つまり、個人として異変に気がついたが、チームリーダーの注意を引くように伝達することはなく、発言は無視されたのである。言い換えると、7組すべてのチームは、異変に気がついた個人の集合体よりも劣ることになる。一個人としての「見えない問題を見抜く力」は、決してチーム全体のレベルまで持っていくことができなかったのである。

多くの組織は、「ブラック・スワン」という、稀に起こる危機を発見できる方法を探している。しかし、そうした危機は事前に発見できるものではないという点を見逃している。多くの場合、稀に生じる危機の初期段階の兆候と、それを認知して反応する間の時間があるように思われる。

結局、私が思うことは、組織に所属している多くの人たちは、組織が稀に生じる危機を認知する以前に、初期の兆候を発見しているのではないかということである。組織は警鐘を鳴らす人を抑圧するのではなく、彼らの警鐘に耳を傾けるべきなのである。

しかし、そうすることは、組織のＤＮＡに反対に作用するものである。**組織のＤＮＡは、例外や不規則な性格を持つ「見えない問題を見抜く力」を抑制するようにプログラミングされている**のだ。

CHAPTER
13

結局、人が問題を見抜けないのはなぜなのか？

❖実験室の中に解答は存在しない

パート2の最後に、私たちが「見えない問題を見抜く力」について学んできたことを考察してみようと思う。「私たちは、間違った方法でどれだけ失敗してきたのか」と想像してみるのである。


どのような失敗を犯してしまう可能性があるだろうか？

どのような重大なミスにより、間違った方向へ進んでしまっただろうか？

どのような方法を選ぶことで、何か価値があることを学べなくなってしまうのだろうか？

そもそも、「見えない問題を見抜く力」についての研究が始まったのは、1917年、ヴォルフガング・ケーラーが、スルタンという名のチンパンジーが自分の手で届かない位置にあるバナナをどうやって引き寄せるのか観察を始めたことによる。

スルタンは、檻《おり》の中の何本かの棒を使ってバナナを引き寄せようとしたが、どれも短くて届かなかった。スルタンは少しの間すねていたが、突然、2本の棒をくっつけてバナナを取ることができたのである。

試行錯誤による学習とは対照的に、スルタンはアイディアが閃くことを示したのである。ケーラーの調査から科学者たちは、突然にアイディアが閃くような課題を利用して「見えない問題を見抜く力」を研究するようになったのである。

その後、チンパンジーの代わりに大学生たちが実験で使われるようになった。というのも、大学の研究者はすぐに被験者として彼らを集めることができるし、また、チンパンジーのように保育するのに手間暇がかからないからである。

次に挙げる「9つの点の問題」は、「見えない問題を見抜く力」について、実験室内で行われる心理学実験（心理的トリック問題）の定番の1つである（次ページ参照）。

被験者は4本以内の線を引き、しかも、一筆書きで、すべての点を結びつけることが求

9つの点の問題

（問題）一筆書きで、4本以内の直線で、
すべての点を結びなさい

められる。

　このパズルは、点の集合の境界を超えたところに線を伸ばして描くことに気づかなければ、解くことはできない。

　私たちがこのパズルを解くのに行き詰まりを感じるのも、その条件が過不足であることに気がつかないからである。

　普通は、点が作る見えない境界線の中で線を引くことを考える。幼稚園でやる塗り絵の経験が、解答の発見の邪魔をするのかもしれない。

　2人の心理学の大学教授、トリーナ・カーショウとステラン・オールソンは、こうした発見の邪魔になる他の思い込みについても述べている。

それは、**「線の折り返しが（9つのどれかの）点の上でなくてはならない」と思い込む**ということである。

つまり、私たちがこのパズルを解けるのは、自分たちの誤った思い込みに気がつくときだけである。このようなパズルは解き方がわかると、「ああ、なるほど」と思う瞬間があるものだ。そのときまで、私たちは解き方がわからず前に進んだ気がしないのだ（答えは、次ページ参照）。

このようなパズルというのは、「発見への3つのプロセス」で言うところの、「やけっぱちな推測」に該当する。私たちは問題を解くための突破口が必要になる。また、発見の邪魔になっているものに気がつくために、自分たちがとらわれているすべての考え、思い込み、その根拠を検証するのである。

私たちはときどき、過去に与えられたものを利用するという従来のやり方に固執しているために、行き詰まってしまうことがある。また、解き方のアイディアがなかなか思い浮かばない問題に対して、「9つの点でできている『箱』の中で線を引かなくてはならない」という解き方に固執してしまうのである。

実験室内で行われる、「見えない問題を見抜く力」についての実験は、「やけっぱちな推測」

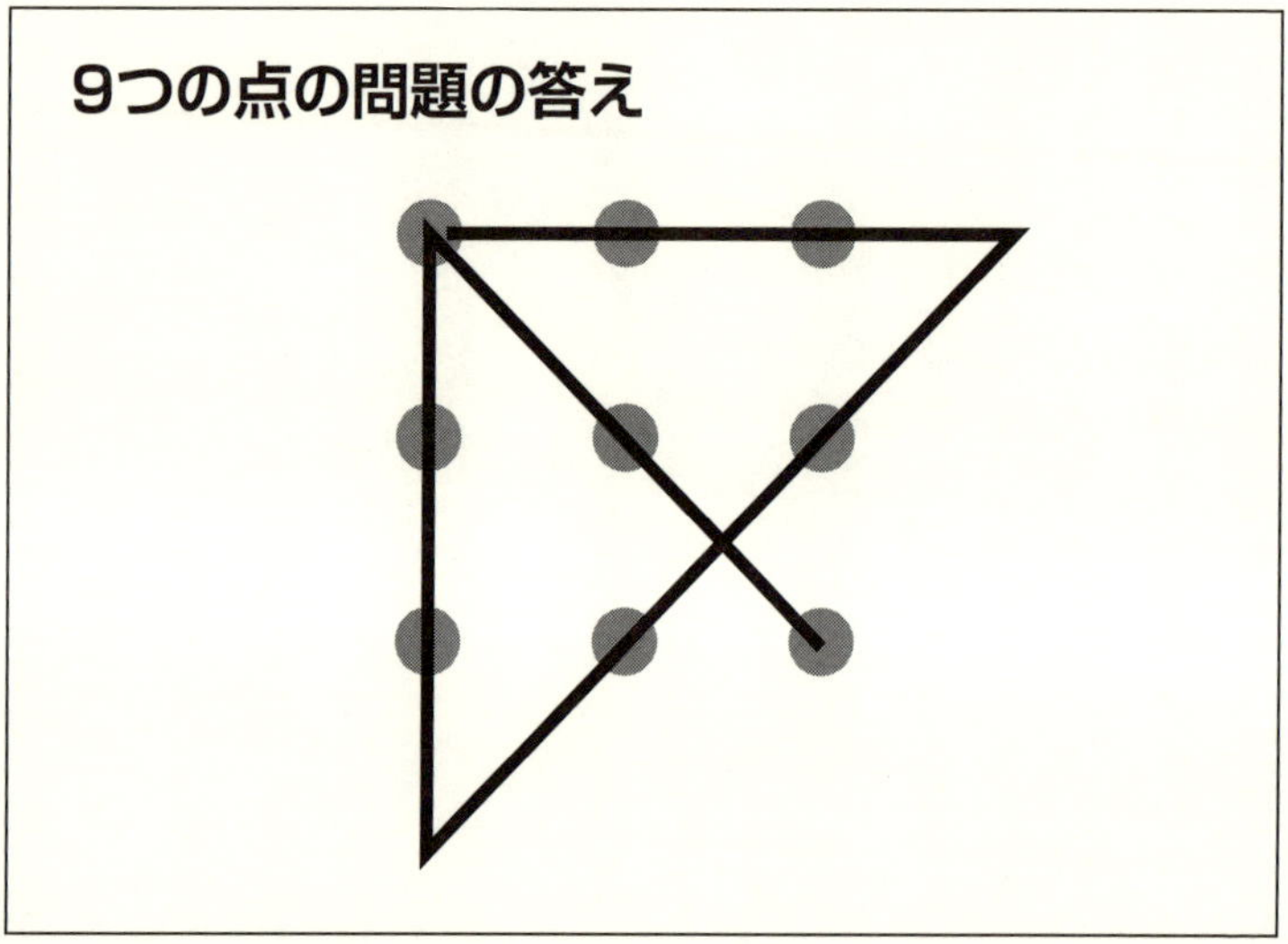

を試すものである。研究者たちは、被験者たちにアイディアを出さなければ解けないような課題を出す。そうした課題は、被験者たちが不要な思い込みに固執してしまうことで問題が解けず、行き詰まってしまうように導くのである。

こうした問題を解く唯一の方法は自分の思い込みに気づき、それを捨てることしかないのである。

ここで他の心理的トリック問題の例を紹介しよう。

「箱とろうそくの問題」というものがある。

被験者には、3つの小さな箱が与えられている。その3つの箱のうち1つの箱には3本のろうそくが入っている。2つ目の箱には3つの画びょうが入っている。3つ目の箱には3本のマッチが入っている。

「この3本のろうそくを箱の壁にくっつけて火をつけなさい」というものである。

実際にほとんどの被験者たちは、ろうそくを箱の壁に画びょうで直接留めようとする。しかし、このやり方では、何度やってもうまくいかない。この答えとは、**画びょうで箱を留め、その中でろうそくを立てて火をつける**のである。

もう1つ、「吊るされた2本の紐《ひも》の問題」というものがある。「腕の長さ以上に離れて天井から吊るされている2本の紐をどうやって同時につかむか（注：ただし、被験者は2本の紐の中間の位置に立っている）」という課題である。

当然、片方に移動しても2本同時に紐をつかむことはできない。それには、ちょっとした細工をすると答えを見つけ出すことができる。たとえば研究者が、偶然を装って一方の紐を触って揺らしてみるのである。

そうすることで、被験者は**静止しているときに2本の紐をつかまなくてはならないという思い込みから解放される**のである。この問題の解き方は、1本の紐に重たい物を結びつけ、振り子のように紐を振るのである。そうすれば、1本の紐の側に立って、揺れ動いてきたもう1本の紐を同時につかむことができる。

最近では、こうした実験室内での心理的トリック問題を被験者に挑戦させている間に、神経生理学者たちが脳スキャンで脳の活動を測定するような研究が広まりつつある。この脳スキャンは、被験者が「あっ！」とわかる直前に、脳のどの部分が活発になるのかを示した。

こうしたすべての問題、「9つの点の問題」「箱とろうそくの問題」「吊るされた2本の紐の問題」は、「見えない問題を見抜く力」を強化するような実験である。こうした実験をする研究者たちは、人の「見えない問題を見抜く力」を見いだしたり、模索しているのではない。彼らは、予測できる研究成果をただ挙げているのである。

私は、問題を難しくし、同時に正解率を高めるためのさまざまな方法を模索する研究者たちの意欲には敬意を表する。ところが、ときどき、「そうした方法論が、実験室の外では役に立たない」という印象を持つのである。

しかし、多くの研究者たちは、私が行っている現場主義的な研究を好ましく感じていない。彼らは、慎重に条件づけされた仮説を検証することを好む。それゆえ、心理的トリック問題の理論的枠組みを活用し、その多様な結果を考察するのである。

こうした点から、私は通常の研究者であり続けることから決別することになった。私は科学の目的が、「良い科学研究をすること」であるとは信じてない。科学の目的とは、「見えない問題を見抜く力」が機能する世界も含めて、世界についてもっと学ぶことである。

私たちは、そういうことに無関心でいいなどと思ってはいけない。真剣に考えるに値する結果を生み出すための方法を活用したいと思うのだ。私たちは、自分たちが求めている対象物についての視野を失うことになる方法に固執するべきではない。また、自分たちが理解したいと思う現象を十分に把握するための一連の方法を進歩させるべきでもない。

多くの研究者たちは、そうした問題の罠、自分たちの仮説の罠にはまってきたのかもしれない。そろそろ、そうした心理的トリック問題の理論的な枠組みから脱出するときかもしれない。

私たちは、そうした枠組みから何十年も学んできた。それはあまりにも長い間、耕されてきた土地のように。

だからこそ、この理論的枠組みを超える時期がやってきたのである。

PART 3

目には見えない問題を見抜く「心の扉」を開け放つ

～問題解決法を身につけることができるのか？～

CHAPTER 14

「見えない問題を見抜く力」は自分自身を救う

❖個人・組織が「見えない問題を見抜く力」を高めるには?

私たちは「見えない問題を見抜く力」を高める方法を探し求める準備ができている。人はこの力が身につくと、どうなるのかということも検討してきた。この力が発揮されるのを邪魔する、いくつかの障害についても考察してきた。

このチャプターでは、「見えない問題を見抜く力」を、本当に高めてくれるのに役立つものを学んできたのかを検証してみる。その後、他人が持っている、「見えない問題を見抜く力」を高める方法、組織が「見えない問題を見抜く力」を高めるのに何ができるのかという問題にも取り組むつもりである。

その答えは、気力を挫《くじ》かれるようなものであるが、もし私たちが「見えない問題を見抜

見えない問題を見抜くための『発見への3つのプロセス』

① 「出来事の矛盾」から発見へのプロセス
② 「出来事のつながり」「偶然の一致」「好奇心」から発見へのプロセス
③ 「やけっぱちな推測」から発見へのプロセス

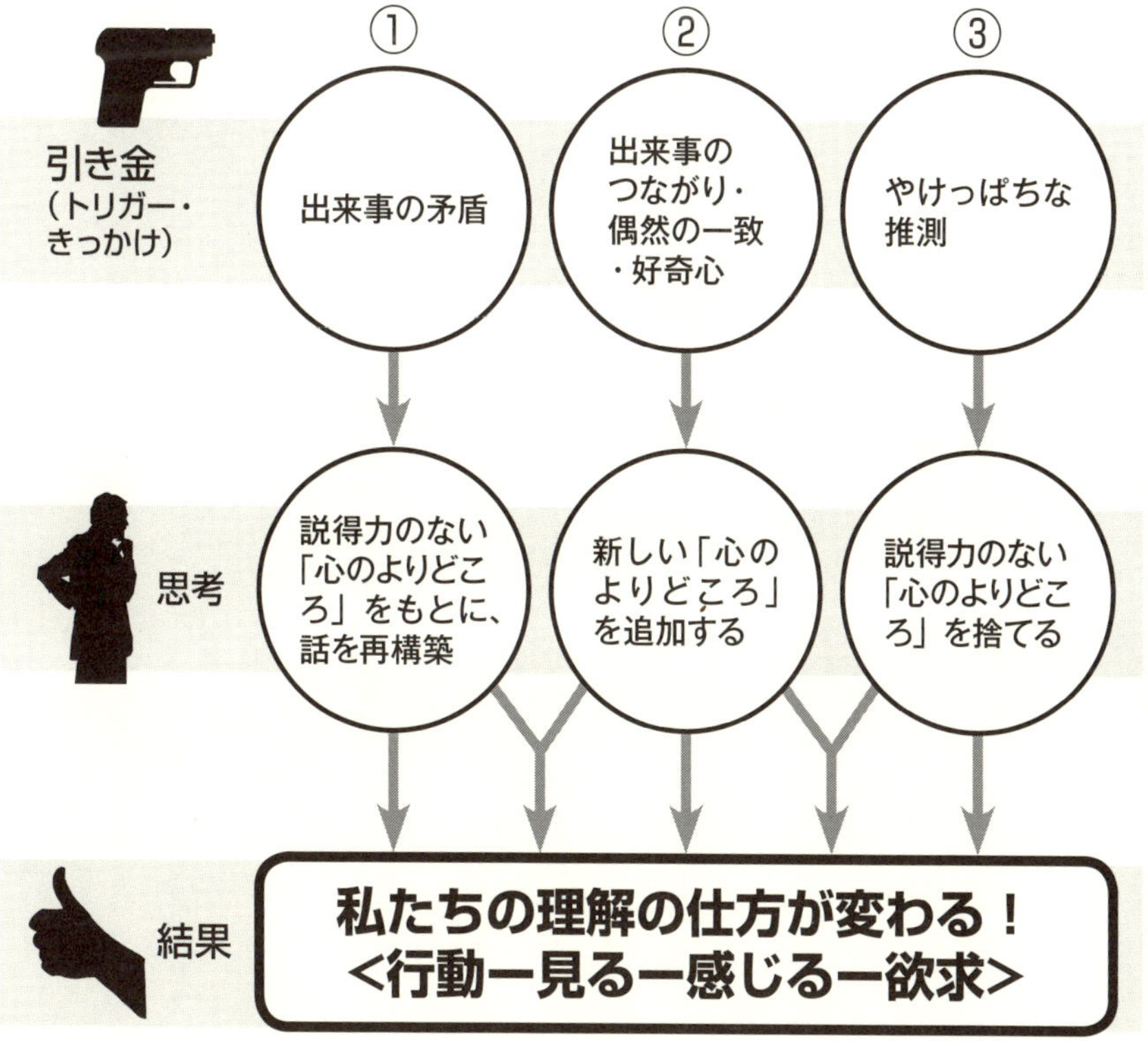

く力」を発揮させるプロセスをそれぞれ別々に検証するのであれば、より対応することができる。「発見への3つのプロセス」とは、**何かを発見するときに、別々の思考プロセスを経ることを示している**からである。

❖出来事の矛盾に「ティルト反応！」が起こせるのか？

私たちができることを1つ挙げれば、出来事の矛盾を見抜く力を効果的に利用することだ。たとえば、ある人物の証言に矛盾があることを見抜けるようになるための訓練を受けてきた刑事のことを想像してみてほしい。テレビドラマ『刑事コロンボ』で、ピーター・フォークはロサンゼルス市警察署の殺人事件担当の刑事を演じていた。

コロンボ警部補は、一見、容疑者の嘘の証言に納得してしまうように見える。身なりがだらしないコロンボのことを、騙されやすく無能な刑事として見てしまう口先達者な証人が、やすやすと嘘の証言をするのである。

コロンボ刑事は、ぶらぶらと歩いて部屋から出て行き、立ち止まり、振り返り、それから、彼を悩ませる1つのことを考え込むのである。それは証言者の矛盾したことであり、偽証であると気がつくのである。

私たちが何かの矛盾を見いだすのに、コロンボ刑事は必要ない。「見えない問題を見抜く力」を発揮させるきっかけとして、不明瞭な点、矛盾点、そして対立する点を利用することで、自分たちで問題を解決することができるのである。

たいてい、そういった矛盾した問題に巻き込まれるとき、私たちは困惑してしまうものだが、そこには問題解決への糸口が残されているものである。**私たちは単に、自分たちが狼狽《ろうばい》したという感情を好奇心に変えればいい**のである。そうして「ティルト反応！」を利用することができる。

チャプター10に登場したジンジャーの例を思い出してみよう。彼女は、一度転職をしようとしたとき、以前勤めていた会社の非競争契約の罠にはまってしまった若い女性である。彼女は、契約上の義務に行き詰まってしまったように見えた。

ところが、「ティルト反応！」が起きて、自分が前にいた会社のすべての顧客を覚えているわけがないという矛盾点に気がついたのである。彼女がその矛盾点を以前の法務担当者に問いただし、全顧客リストを渡すように依頼すると、彼女はその規則から解放されたのである。

私の弟のデニスも、子供の頃の振る舞い方と、ハリウッドの脚本家として自分のキャリアをスタートさせたときの現実とのギャップに行き詰まった。

彼が大学生のとき、ニューヨークのABCテレビ局でいわゆる雑用の仕事に就いた。間もなくして、彼はロサンゼルスに引っ越し、ABCテレビのロサンゼルス支局で似たような雑用の仕事に応募した。ロサンゼルス支局は、採用する意思があることを彼に伝えた。デニスは、その知らせに大変喜んだ。なぜなら、全国ネットのテレビ局での雑用の仕事は、ショー・ビジネスのキャリアを築くうえでの足がかりになり得るからである。

しかし、数週間経っても、ABCテレビ局から何の連絡もなかった。デニスはすねてしまい、自分の就職希望リストの中にあるこのテレビ局にバツ印をつけた。それからしばらくして、のちの上司となる人物から、彼を雑用として採用する電話があった。デニスは彼に不満をぶつけた。

「いいですか、私は待ち続けていたのですよ。でも、あなたは電話をくれなかった。私がどうやって応募の結果を知ることができると思っているのですか？　だいたい……」

デニスは、ニューヨーク州ブロンクス市で育ったときから、何か不満をぶちまけるときに子供のような振る舞い方で通してきたのである。上司は、「いいですか、あなたはこの仕事に就きたいのですか、そうではないのですか？」と、デニスの発言を止めた。

デニスは一瞬話すことを止め、その後、自分は仕事がほしいと告げた。のちに、この出来事は自分を成長させた「ティルト反応！」だったと振り返っている。

彼は突然、世の中には非難するべき人などいないということに気がついたのである。重要なことは、彼が他人から信頼されるかどうかであり、相手を非難することを正当化できるかということではない。彼はそういう子供じみた振る舞いを捨てるときがきたのだった。

デニスは、自分の「エピファニー（人・モノ・事の本質が露呈する瞬間）」によって、思春期直後の間もない状態から大人になれたのである。彼の「見えない問題を見抜く力」は、社会的に捨てなくてはならない子供の頃の振る舞いに影響したのである。

また、彼がその後、優れたマネジャーになるための大切なことも教えてくれたのである。広いスタジオで共同作業をしなくてはいけないというプレッシャーに対して、デニスは自分の自尊心と権利のバランスをとらなくてはならないからである。

ジンジャーとデニスの話は、**人が矛盾から目を背けることより、それをどうやって利用するのか**ということを教えてくれる。

次の事例は、消防隊長がどうやって矛盾に対して意図的に心を開いて受け入れ、予想以上のことを学んだのかということを示している。

1966年、研究仲間であるキャロリン・ザンボックと私は、3回のワークショップからなる職場研修（ＯＪＴ）をロサンゼルス郡消防署で実施することになった。

多くの人たちが信じて疑わないことは、ＯＪＴの成果は、トレーニング・プログラムや教室の中ではなく、仕事をやっている間に重要なスキルを学べるということであった。

私のワークショップの目的は、消防士たちが実体験から学んできたことを（その後も再び）素早くできるようにするということであり、そのためにも、どうやってＯＪＴを活用するのかということを教官たちに指導することであった。

第1部のワークショップで、教官の1人の消防司令長が私に、「このＯＪＴのやり方は技術そのものだけに適用されるのか、それとも、態度に問題がある消防士にもそのＯＪＴのやり方を適用できるのか」と質問してきた。

私は「そのような問題に取り組むためにこのワークショップを準備したのではない」と答えた。私は心理療法士ではないのである。だから、性格や態度の問題については取り組むことができなかった。

1カ月後、私たちが第2部のワークショップを実施するために再び消防署に来ると、その消防司令長が手を挙げて、「あなたたちは間違っている」と言い出してきた。第1部のワークショップのあと、彼は自分が指揮する部隊に戻り、普段通りに振る舞っていた。彼の部隊が中規模の炎に対処する訓練を行っているとき、彼は若い消防隊員の1人に課題を与えた。

消防司令長が「態度に問題がある」と言っていたのは、彼のことであった。1カ月前から、消防司令長は、この消防士には態度に問題があると固く信じ込んでいたからだった。

第2部のワークショップ後も、その消防士は消防司令長が期待していたように動くことはなかった。彼が消防署に戻って来ると、消防司令長は彼を自分のオフィスに呼び、「お前は無能だ」と叱《しか》りつけた。

その無能ぶりについてすでに報告書に書き、彼を消防隊から除名するべきであるという理由を記録していたのである。そして、消防司令長が長い説教を始めようとしたとき、若い消防隊員は、私が準備したOJTのポスターを目にした。すると、彼は話の方向を急に変えたのである。

その指導項目の1つには、「上官から指示された以外の行動も取れるように訓練する。たとえば、訓練生たちが試みようとしていることを、まずは自発的に述べることから始める」とあった。

彼のポスターの指摘に消防司令長が気がついたことは、自分がその項目を指導していながらも、彼を叱りつけていたということであった。しかし、消防司令長、彼自身がそのOJTのやり方を心の中で思い描き、その方法を部下の消防士にやらせてみようとしていたのである。

思い返してみると、その若い消防士は非常に理にかなった動きをしていた。彼はわざと挑発的な態度を取ったり、反抗的な態度を取ったりしていたわけではなかった。彼は、自分ができる最高のことをしていたのであった。

この出来事のあと、消防司令長は私にこう語った。

「それから、私は気がついたのです……。彼の態度に問題があったのではなかったのです。そうではなく、私自身に態度の問題があったということです」

これこそが**「ティルト反応！」**である。その若い消防士は、実行するうえで意味のある自分自身の計画を持っていたのであり、消防司令長は彼からそういったことを学ぶことをしなかったのである。

しかし、その消防司令長は、若い消防士から「見えない問題を見抜く力」を見いだし、彼が要求する規則に沿った行動パターンから若い消防士がかけ離れた行動を取ることに毎回怒ることで、自分の中の「見えない問題を見抜く力」を発揮させることにもなったのである。

消防司令長がそうした自己矛盾を発見することができたのも、**他人のものの見方を模索した**からであり、また、**自分の矛盾したものの見方に心を開いて受け入れた**からである。

アイディアの渦巻きを起こすためのアドバイス

出来事のつながりを見抜くことから発見に至るまでのプロセスは、多くの概念がお互い渦を巻くように存在し、偶然な形でお互いにつながり合うことで発展する。より渦を巻いて荒れ狂うほど、物事を発見するチャンスが一層高くなる。

もし私たちが出来事との偶然なつながりを見抜く機会を増やしたいのならば、馴染《なじ》みがないような活動にもっと多く参加してみることで、本質を見抜く力を高めることができるかもしれない。

私たちは、いろいろな経験をすることを心がけることができ、異なるタイプの人たちと出会う機会を増やすことができ、さまざまな場所で働くことができ、新しい考え方で自身を問いただすことができる。

そうした考え方のそれぞれは、私たちの新しい考えの支えにもなり得るもので、概念の新しい組み合わせという実を結ぶことになる。

スティーブン・ジョンソンは、2010年に出版した『イノベーションのアイデアを生み出す七つの法則』（松浦俊輔訳、日経ＢＰ社）の中で、創造的なアイディアの渦巻きをもっと起こすための方法を紹介している。

ジョンソンによれば、私たちは自分たちのアイディアの密度を増し、創造的な人々と接触する機会を増やす方法を見つけるべきだと勧めている。私たちは、いくつかのアイディアがランダムに衝突するようなセレンディピティ（偶然何かを発見する力）をもっと体験すべきである。

私たちはさまざまな集団と交流し、会合などのリアルな場所もソーシャル・ネットワークのようなバーチャルな場所も利用するべきである。自分ひとりの努力によって何かを成し遂げるのではなく、グループや人的ネットワークによる共同作業を奨励するべきである。つまり、複数の趣味を持つべきなのである。そうすることによって、私たちは**予期しない出来事に偶然のつながりを見つける機会が増える**のである。

組織においては、人事を工夫することで内部におけるアイディアの渦巻きをさらに起こそうとするところもある。それは、自分たちとは異なる専門分野の同僚たちと接触するように仕向ける仕組みである。

１つの方法として、それぞれのセクションごとにオフィスを区分するのではなく、ランダムにオフィスを割り当ててもいいだろう。

アップルの故スティーブ・ジョブズが「スティーブ・ジョブズ棟」を設計したとき、中央アトリウムで従業員たちが実際に対面して仕事をすることで、知的な渦巻きをさらに起こそうとした。さらに彼は、本部棟全体の中でお手洗いを2カ所（男女別）しか設置しないことも計画していたのである。それはどちらも中央アトリウムにつながる位置にあった（最終的には、数カ所設置したが）。

出来事のつながりから発見へのプロセスとは、いくつかのアイディアが価値あるように組み合わせることを偶然に思いつく方法であり、アイディアの渦巻きや知的興奮をより起こすためのアドバイスに最も意義のあるプロセスのことである。

ここで、ランダムな組み合わせによって、創造性を高める方法が役立つ場合がある。その方法のおかげで、私たちが決して考えることもしなかった新しい組み合わせを発見できることもあり得る。

この方法は、偶然に何かを発見する機会を生み出すためのアイディアの渦巻きや知的興奮をさらに起こすためとはいえ、私はあまり好みではない。「見えない問題を見抜く力」を発揮して偶然に何かを発見したという事例は、アイディアの渦巻きの重要性を示しているものだが、私たちがその逆の過程をたどることはできないものだし、後ろ向きの考えというバカげた発想に走ることになる。

私たちがより一層ランダムなアイディアの組み合わせをするほど、不要なアイディアをふるいにかけるのに一層の労力が必要になる。「見えない問題を見抜く力」が働くということは、悪いアイディアを考える必要もなく、新しいアイディアが生じるということである。数学者のアンリ・ポアンカレは、「創造とは……新しい組み合わせからなるものではない……。そうして作られた組み合わせは数のうえでは無限でも、その大部分は絶対的に価値がない。創造することとはまさに、無価値な組み合わせをしないことなのである」と語っている。

「批判的思考」が活用されるとき

やけっぱちな推測から発見へのプロセスは、異なる心構えが必要となる。私たちは追い詰められた状況において、心の中に仕組まれている罠から脱出する方法を見いださなくてはいけない。私たちは何かを見逃し、根拠に欠ける仮定をしているのである。

ミスを恐れる組織によっては、従業員たちに自分たちが仮定していることをすべてリストアップし、その中で悪いものを捨てていくことを奨励している。私はそうしたやり方に何のメリットも見いだすこともないし、また、そうした仮定をリストアップすることにどのような価値があるのかということすら考えもしない。

私が思うに、仮定していることをすべてリストアップするという方法は、すでに述べたような後ろ向きの思考になるというバカげた発想から出てきたものではないかということである。

もし思考プロセスを逆にたどって思考の始まりに戻り、疑わしく思われる前提を根こそぎ削除することで解決を図ろうとすれば、仕事の生産性を高めることができると考えることにあり、従業員たちが根拠の最も弱い仮定を見いだすことによって生産性が高まるということである。

それでも問題となるのは、人は何かの問題に直面するときに多くの仮定を考えるのであり、その仮定のすべてをリストアップする作業は気が散り、うんざりしてしまうということである。さらに、どの仮定が最も弱いのかを判断するのに専門知識が必要になる。

そうした専門知識からの判断に、意思決定者たちが行動の選択肢を体系的にリストアップし、すべての選択肢を評価するような思考プロセスを経たという証拠はない。仮に、十分に実行する時間があったとしても、リストアップする方法が「見えない問題を見抜く力」を実際の現場で高めてくれたという事実に、私は興味を持つこともない。

私たちが必要としていることは、ある種のダウジング（注：地下水や鉱脈を探し出すのに利用されてきた二股《ふたまた》の道具）を持つことである。たとえば、もし私たちが何かのプロジェクトチームに所属しているのならば、チームメンバーたちの間で今何が起きているのかをめぐって対立していることや、普段は有能な人でも何かについて困惑しているときのことを思い出すことがあるだろう。しかしおそらく、驚くべきことや予期していたことが起こらなかったと思うのである。もしくは、何か矛盾した出来事だったかもしれない。

おそらく、最も効果的な戦略とは**「批判的思考」**と呼ばれるものを取り入れてみることだろう。これは事実を体系的に分析し、仮定していることを考察するための思考プロセスであり、エネルギーを費やして、すべての仮定をリストアップするようなことは必要としない。

私たちが批判的思考を正しく理解している限りにおいて、優れた判断や意思決定をしたいのであれば、この思考法は明らかに重要なスキルである。

ところが、批判的思考の提唱者によっては、極端になりすぎている部分もある。どのようなスキルにしても限界があるのだ。

大きなリスクを嫌がる組織は、この批判的思考の研修プログラムを受け入れてきた。それは、「パフォーマンスを向上させる上への矢印」が伸びるのを阻害してきたのである。そういう意味では、多くの点で「見えない問題を見抜く力」を発揮させることに反する。

それでも、もし批判的思考がこの力を向上させる余地があるとすれば、それは、やけっぱちな推測を働かせるときであろう。そのときこそ、発見を邪魔する誤った仮定から解放されなくてはならないのである。

閃く瞬間は、アイディアの発案段階だけでは生まれない

閃きの瞬間を高める、ウォーラスの発案段階の価値についてはどうだろうか？　彼は、発案段階をアイディアが閃く4つの段階の1つとして認めている。また多くの研究者たちが、彼らの研究から、この発案段階の重要性を容認している。

私の研究で、発案段階を経てアイディアが閃いた事例はたったの5つだけであったのに対し、発案段階を経てアイディアが閃くにしてはあまりにも速すぎると考えられた事例は47ほどだった。

デイビッド・パーキンズは、彼の著作『アルキメデスの風呂』の中で、科学的研究方法からアイディアを生み出す効果が少しもなかったと断言している。ちなみにこの本は、有

名なギリシャ人哲学者が風呂に浸《つ》かっているとき、王様の冠の金の体積を測るための方法を思いつき、素っ裸で街の通りに飛び出して行って、「わかったぞ！」と叫んだという話である。

さて、閃きの瞬間では、たとえば心理的トリック問題で、あっという間にそれを解いてしまう被験者もいれば、解けない被験者もいた。つまり、時間は結果に関係ないのである。時間をかければ、被験者がその問題を解けるようになるわけではない。

また、パーキンズは、管理された条件では発案段階がその威力を発揮することができないということを認めている。私もそれはおおいに認めるところである。

ある論文には、「発案するための時間が設けられることで、アイディアが閃くためのチャンスが増す」という事実を証明した実験に関するものがあった。被験者に対して、発案段階の時間を増やしたり、発案段階の前により徹底的に考える準備をさせたりするときに、大きな効果をもたらすというものだ。まさに、ウォーラスが主張した通りである。

この論文では、発案段階について、１９３８年までさかのぼって39の実験を検証していた。39の実験のうち26は発案段階の効果が認められた。だからと言って、もしこれを普段の生活条件にまで一般化するのであれば、確実であるとは言えない。それでも、私はこの実験に励まされた。

発案段階は、どのようにして「見えない問題を見抜く力」を高めるのだろうか？

2人の心理学者セバスチャン・ヘイリーとロン・サンが2010年に執筆した研究記事で、発案段階や「見えない問題を見抜く力」、創造的な問題解決についてのいくつかの可能性を列挙していた。

ウォーラスの頃までさかのぼることになるが、1つの仮説として、発案段階の期間中、私たちの潜在意識は問題をじっくりと考えているというのである。

2つ目の仮説として、発案段階は精神的な疲労から回復させるために機能するかもしれないというものである。長時間も集中し続けることで、私たちは精神的なエネルギーを消費することになり、再び集中し続けるためにリラックスする時間が必要となる。

3つ目の仮説として、私たちがリラックスした状態のとき、それまで抑圧されていた、関連性のない事柄を連想できるというものである。私たちは、問題について遊び心を持って空想にふけることができ、めずらしい出来事のつながりを模索する。

4つ目の仮説は、発案段階によって私たちは原因もなく突然に何かが起こる機会がもたらされるということである。ある問題について一生懸命に取り組んだあと、あらゆる局面における物事の意義に気がつく心の準備ができているのである。つまり、問題に対して意図的に取り組んでいないときでさえも、その問題に対して感受性が敏感になっている状態にある。

特に、発案段階が最も有益であるのは、私たちがやけっぱちな推測を働かせてアイディアを出そうとしているときである。

私は、発案段階は出来事の矛盾を見抜くことから発見するというプロセスとは、最も関係がないと思える。しかし、自分が何の関連性もない資料に触れた数時間後に、または数日後でさえ、何か矛盾したようなアイディアが閃いた経験が何度もあったことを思い出す。

私は、ヘイリーとサンの仮説は「発見への3つのプロセス」のそれぞれの場合に適用できるのかと疑問に思うのである。私たちは、出来事のつながりを見抜く方法においてのみ、関連性のない物事についての連想力を喚起する必要がある。

「見えない問題を見抜く力」を発揮させる方法について考えるとき、「発見への3つのプロセス」は、私たちがたどることになる異なる思考プロセスを表している。私たちは、出来事の矛盾を見抜くという発見へのプロセスを通して、**物事の矛盾や一貫性のなさに気づき、探し出し、そして適用させる**のである。また、私たちは出来事のつながりを見抜くという発見へのプロセスを通して、自分たちが新しいアイディアに触れる機会を増やすのである。

だから、私たちが行き詰まるとき、批判的思考法を用いて誤った仮説や考えを突き止め、そして、それをただすのである。

さて、私たちは「見えない問題を見抜く力」を発揮するための方法について、いくつかの曖昧な点を解決させることができた。

しかし、多くの異なるアイディアに触れることが重要なのだろうか？　たぶん、出来事のつながりを見抜くという発見へのプロセスを利用する人にとってはそうであろうが、それ以外の人には当てはまらない。

「見えない問題を見抜く力」を発揮するプロセスとは、物事に固執した状態や行き詰まりを打ち破るということなのだろうか？　やけっぱちな推測から発見へのプロセスが関係する状況にとっては意味があるが、それ以外は当てはまらない。

❖ 他人の考えを診断し、問題解決に導く

私たちの救うべき対象が自分たち自身から他人に変わるとき、その課題も大きく変わる。よくあることだが、私たちが他人の誤った考えをただそうとすることは、その誤った考えが何であるのかを理解しなくてはならない場合がある。根本的な課題は、他人のわからない部分を検証することである。つまり、他人が考えていることについて、何がおかしいのかということを決めることなのである。

私の娘のデボラは、認知心理学者として働いている。彼女の仕事は、新商品のデザインをすることで、商品を人々の生活様式に合うようにするにはどうすればよいのかということを考えることである。

彼女のプロジェクトの1つに、視力に問題がある人たちのためのキンドル型の読書用機器のデザインをするというものがある。2年前のこと、引退した79歳の英文学の教授は、視力が低下して書物を読むことが困難になった。そこで彼女は、彼が書物を読めるよう、改良した読書機器を使って見せた。彼はまったくのコンピュータ音痴であったが、彼女の説明通りに使ってみた。しかし、彼は半信半疑だった。

何らかの理由で明らかに煩《わずら》わされていたが、デボラはその理由がわからなかった。彼女は根気強く彼に接した。そして、「この機器を利用して、あなたがまた読書する楽しみを味わえる可能性を提供できますことに、私はワクワクします」と、あたかも好奇心をそそるように彼に説明したのである。

すると、彼は妙に大人しくなった。次の操作の説明に移る代わりに、デボラは彼が考え終わるまで待っていた。しばらくして、彼はこの機器が自分にどれほど便利なものかがわかったと語った。しかし、機器を使うためにも自分のアパートの部屋にある本棚を片づけなければならないと言ったのである。

この言葉から、彼女は突然、なぜ彼が読書機器に対して神経質になっていたのか、理由がわかったのである。彼女は、彼の誤解の原因を探ってみた。それは、この読書機器がカセットテープやCDのように、1つの機器に1冊の本のみを収録できると思い込んでいたということだったのである。

デボラの「見えない問題を見抜く力」が急速に働き出した。彼が「自分の考え方を揺さぶられた」と感じていることを、彼女は伝えようとしたのである。

「いいですか、この1台の機器に本が何冊も収録できるんですよ」

「えっ、何冊も？」

「ええ、いくらでも。たぶん何百冊でも収めることができるでしょう」

彼は「おおっ！」と叫んで、腕を広げて「なんてすごいんだ！」と驚いた。のちになって、デボラは「そのとき、彼の脳の配線を直したような感じだった」と私に話した。

彼が何も言わなかったときでさえ、デボラは彼が何を考えていたのかがわかっていたが、ただ言動を待っていたことに注意してほしい。だから、彼が彼女の説明に反応を示すのに時間がかかるということを察知していた。

そして、デボラは説明を続ける代わりに、彼の好奇心を刺激し、彼から質問を引き出したのである。

他人の誤解をただすというのは、相手が頼んでもいない助言を与えることではない。私たちは、その人が知りたいと思うことを、常に教える必要があるとはかぎらない。また、人が知りたいということを、私たちが説得しようと試みる場合も同様である。

私たちは、そうすることがどれだけ退屈で、イライラしてしまうものなのかを認識している。情報を押しつけるよりもむしろ、**辛抱強く待ち、他人の「見えない問題を見抜く力」を引き出すようにしたほうがはるかにいい**のである。

私の弟のミッチェルは、30年以上の経験を積んできた心理療法士である。

彼が診断した人の1人に、従妹とビジネスをやっているというバーバラという女性がいた。バーバラはミッチェルのところにやって来て、不安で落ち込んでいて、その主な原因は従妹が頼りにならない行動をするからだと相談した。

その従妹は、バーバラが仕事上のパートナーという関係を終わらせたいということに強く反対していた。彼女は、従妹の言動に対して、また、なぜ従妹が自分に対して非情なのか、その理由がわからなかった。

彼女は、従妹の怒りを買うようなことは何も思い当たらなかったが、何かがおかしいと疑っていた。従妹は、いつも一緒にいて楽しい人物だった。それゆえに、バーバラは、従妹とビジネスをすることはチャンスだと思い、飛びついたのである。しかし、彼女の期待は悪夢に変わった。

ミッチェルはバーバラの不満を聴き、彼女の従妹にも会った。そこで、彼が導き出した結論とは、問題は従妹の行動や怒りの感情にあるのではない、むしろ、彼女（従妹）の極度な自己愛性パーソナリティにあるということだった。

バーバラの従妹は、人との社交を一方通行の道のようなものと考えていて、人からいつも注目され、サポートをしてもらい、認められることを求めていたのである。従妹の関心の的は、調和の取れた人間関係や新しいビジネスで必要なことよりも、過剰とも言える自己陶酔であった。

ミッチェルは、バーバラに従妹の自己愛を理解するように求め、意図的にバーバラのことを傷つけようとしているのではないということを伝えた。彼は過去に診た性格のパターンを紹介し、自己愛性パーソナリティ障害の特徴についても説明した。また、バーバラに本を勧めた。

その次の週にバーバラがミッチェルのところにやって来て、本から自分が学んだこと、本に書かれていた人の性格の特徴についての説明が、従妹の言動と一致していることに驚いたと伝えた。

彼女は、従妹との人間関係というどん底から抜け出し、従妹の怒りからも解放された気分になった。彼女は、従妹が自分のことを裏切ろうとしたり、また故意に自分のことを傷つけようとしていると、もはや思わなくなった。従妹に対して、いくらか同情するまでになったのである。

それでもバーバラは、従妹とのビジネス・パートナーとしての関係をやめることにした。もう、その関係はうまくいくことは決してないと考えたのである。バーバラがその会社を引き継ぐことになり、従妹を会社から追い出すと、彼女のビジネスは大当たりした。彼女は、従妹の飽くなき貪欲《どんよく》さが経営の原動力となるのではなく、自分のビジネスのために会社を経営することができたのである。

以上、2つの事例は、他人が「見えない問題を見抜く力」を働かせるために診断するうえで、重要な第一段階を示している。いったん、デボラとミッチェルが他人の考え方に誤りを見つけると、状況をまっすぐにただす情報を簡単に提供することができた。

しかし、そうすることが簡単でないときもある。「見えない問題を見抜く力」が働くときだけでは、不十分なのである。つまり、「見えない問題を見抜く力」を促進させ、それを「行動」に移す場合も必要である。

他人を診断し、問題解決のために行動する

私たちが優れた「見えない問題を見抜く力」を持っているからといって、そのことから、成熟した心構えで行動したり、より賢明な行動を選択できるということにはならない。だからこそ、私たちが心の中で何かを自力で発見できたとしても、心理療法士はそれほど興奮するわけではない。

心理療法士は、相談者たちの心の発見が行動に移されるところを見てみたいのである。

それは、バーバラが従妹との共同ビジネスを解消したようにである。ときどき、人は決して行動を変えないときがある。しかし、心の中で発見したことは、人が自分の感情や行動をよりよく管理するうえでのスタート地点となるのである。

私の友人のボブ・バーカスもまた、十分な経験を積んできた心理療法士である。

彼のところに、ある母親と気持ちの落ち込んでいる娘がやって来て、2人の険悪な関係について相談した。母親は見た目には感じのいい、頭の良さそうな女性であったが、自分の娘については何もいいことを言わなかった。

娘についてのボブの印象は、温厚な性格で可愛く、母親からの愛情を受け、娘として認めてもらいたかったようであった。

ボブは、娘の気持ちの落胆よりもむしろ、2人の人間関係に働きかけようとした。そして、何が2人の人間関係を悪くさせたのかを探り出す代わりに、その人間関係のもつれを解くことを最初の段階としたのである。

ボブは初診の間に状況を把握すると、娘は母親の厳しい躾《しつけ》にうんざりしていることがわかった。

彼は、来週1週間の間、娘についての良いコメントと悪いコメントを母親に書いてもらい、その数を数えてみることを指示した。彼は、何も日常生活を変えないでいいから、そのコメントの数を数えてみることを提案した。

次の週になり、ボブは母親と娘とそれぞれ別々に診断した。彼が母親にコメントの数を訊ねると、彼女は急に泣き出した。「私はすべて否定的にコメントしていました」というのである。これまで娘に批判的なコメントをしてきたということに気づいて、自分自身衝撃を受けたのである。彼女は、

ボブの提案がうまくいったのである。しかし、母親の心の痛みの原因が判明した以外に、心の発見だけから効果をもたらしたことにはならず、母親が精神的に改善されることにはならなかった。しかし、この心の発見と彼女の感情的な不安感から、心の変化を起こすための強力な動機をもたらすことになったのである。

そこでボブは、次の提案をした。あえて褒めることで娘に批判的だった点を変えてみるというものであった。しかし、母親はそれを拒んだ。なぜなら、娘のどのような行動であっても褒めることはできないと思っていたからである。

そこでボブは、娘に批判的だった部分を褒めてみることを勧めた。たとえば、娘が好き勝手なことをしていても、そのために、自分の家事が邪魔されなかったことを褒めてあげるというようにである。

3回目の診断のとき、母親は喜びに満ちた顔をしていた。また、娘も同様であった。2人は笑ってジョークも飛ばしていた。家庭は戦場とならなくなり、娘の気持ちももはや落ち込んでいるよう

には見えなかった。その後もずっと、2人はいい人間関係を保っていた。

この話が示していることは、**他人を救うことは、人の誤った考えをただすことよりもより複雑であるということである**。それが効果的であるためには、他人に新しい振る舞い方をするように、私たちは導かなくてはならないかもしれない。

数年前、私の友人であるジェイ・ロスマンが、彼が開催しているワークショップに私を招待してくれた。彼が他人をある目標に向かって目指すようにするための方法を、私はそこで観察することができた。

エクササイズの1つに、参加者たちがとても気にしている事柄を示す言葉について、「物語」を書くというものがあった。私は見学者であったが、そのエクササイズに参加してみることにした。そのとき私は、ある1つの物語が心に思い浮かんだ。

私の友人のジミーが私のところにやって来て、変わったお願いをしてきた。私は、彼の頼みを聞いて驚いた。彼はスカッシュをやりに行こうと私に頼んできたのだ。私はスカッシュの経験があったが、ジミーは、以前に興味を示したことがまったくなかったからである。

また、その理由を尋ねると、実は彼の恋人がこのスポーツの熱心なプレーヤーだという。2人でスカッシュをして、彼女にこてんぱんにやられたらしい。そこで、彼は彼女といい試合をしたいというのである。

彼は試合に勝つつもりはなかった。自分自身、これ以上恥をかきたくなかったのである。

まず、ジミーと私は軽くボールを打ち合った。その後、すぐに試合をしようと言ってきた。試合中、私はバックハンドで返さなければならないほうに、少し速めにサーブをした。彼はボールが近づいてくると、バランスの悪いスイングをして何度も失敗した。

私はその時点で試合は終了させ、その代わり、彼がサーブをバックハンドで返せるように一緒に練習することにした。しかし私は、彼がサーブを打ち返すことを望んでいたのではなかった。横や後方の壁に当たったボールがどのように跳ね返ってくるのかを、ただ見てほしかったのである。

私のロジックとは、ジミーがバランスを崩した体勢でボールを打ち返すことにあまりにも不安がっていたということだった。おそらくボールが壁から跳ね返ってくるときの軌道を感覚としてつかんでいない。しかし、彼は経験から学ぼうとはしていなかった。なぜなら、自分の役に立つような経験の機会をつかもうとしていなかったからである。

それが私の診断であった。

しばらくの間、私がサーブを打ち、ジミーはボールがどのように壁に跳ね返るのかを見ていた。

その後、ジミーにバックハンドのコートにサーブを打たせ、その軌道を追い続けてもらうことにした。彼は、ボールを上手く打ち返せそうなところにボールが跳ね返ってくると、「ここだ」と感覚をつかんできた。そうした練習を少しの間続けると、ジミーはボールを打ち返し始めてもいいかと訊いてきた。

それまでの彼は、バックハンドでボールを打ち返すことを怖がっていたが、積極的にやってみたくなったのだ。私は「やってもいいけれども、もう大丈夫だと思うよ」と彼に告げた。実際、彼はバックハンドでボールを上手く打ち返すようになった。そして私たちは、充実感に満ちて練習を終えることができたのである。

彼は、恋人といい試合ができるようになった。しばらくして彼が彼女に勝つようになると、2人はスカッシュに興味を失ってしまったらしいが……。

私がこの話を思い出したのは、私はジミーに何も教えていないという事実である。私がやったことは、彼が自分で何かを発見できるように物事をアレンジしてあげたことである。私がこのストーリーをジェイのワークショップで話したとき、思いついた言葉が「発見」であった。このエクササイズから私は、他人が自分で何かを発見できるように協力することがどれだけ楽しいことであるのかと悟ることができた。

これまで見てきた事例のうち、人が固く信じてきた考えを捨て去るように求められた内容のものは、どれ1つとしてない。

それまでの考えを捨てて、改めて考えを持つことは莫大な努力を要するものである。なぜなら、私たちが協力したいと思う人々が、自分たちの理解の支えとなるものを捨てるのに抵抗するからである。だからこそ、**他人の考えを変えるには、出来事の矛盾を見抜く力を巧みに利用する**ことである。

出来事の矛盾を見抜く力で、誤った考えをただす

私が最も印象深く感じた事例は、人が魔法の杖のように出来事の矛盾を見抜く力を巧みに用いて、構造的な矛盾を生み出した事例であった。それは、ダグ・ハリントンが熟練パイロットから一転、無能なパイロットになり、問題を解決して、すぐに熟練パイロットに戻ったという話である。

ダグ・ハリントンはアメリカ海軍で、12年間以上もの飛行経験がある熟練パイロットだった。彼はF-4戦闘機を操縦していた。ハリントンは教官パイロットで、若いパイロットたちに飛行の操

縦方法と、特に機体の離着陸の技術を指導していた。

彼はF-4戦闘機からより精鋭化されたA-6戦闘機に移行する際、パイロットとして選抜された。もちろん、すぐにA-6戦闘機の操縦方法を習得した。A-6戦闘機のパイロットとしての資格を取得するのに残された唯一の課題は、機体を離着陸させるテストのみだった。彼は、日中に6回、夜間に4回ほどの離着陸を試みた。しかし、そう物事がうまくいかなかったのである。

ハリントンは、日中での1回目の離着陸訓練で批判を受けることになった。

彼は戦闘機を決められた場所に完璧に着陸させることができたと思っていたが、着艦信号士官は無線でもっと正しい位置へと合図した。当初、ハリントンはこの指示が正しくないと思い無視したのだが、着艦信号士官がしつこく強要したので従うしかなかった。

しかし、着艦信号士官はこの出来事でハリントンを落第させた。彼にとって着艦信号士官の指示は異様に思えた。2回目の離着陸訓練でも同じ指示を受けた。今回も上手くできたと思ったが、着陸が少しだけ遅れた。

結局、彼は、その日に行われた離着陸訓練をすべて台なしにしてしまった。これでは、夜間での離着陸の試験を受けることは許可されない。翌日も彼は、日中での離着陸訓練を受けなくてはならない。仮に翌日の訓練でしくじった場合、彼のパイロットとしてのキャリアがその時点で途絶えることになる。

彼は何がいけなかったのか理由がわからず、その日の晩は思い悩みながら過ごすことになった。毎回、決められた位置に戦闘機を着陸させることができたつもりだったが、着艦信号士官は「右へ、右へ」と指示を出し続けた。

この指示に従おうとすると、どうもぎこちない着陸になってしまったのである。彼の着陸は見苦しく、それもかなり遅くなってしまった。しかし、どうすれば改善できるのかわからなかったのである。

その晩、上官着艦信号士がハリントンのところへやって来て、機体を着陸させるのにどのようなテクニックを使っているのか訊ねた。彼は、機体の鼻の位置にある先端を滑走路の中央の線に合わせるようにするという、自分がいつも利用しているテクニックを話した。

上官着艦信号士は、ハリントンが以前、F－4戦闘機を操縦していたことを知った。その戦闘機は、機長の前に下級パイロットが座るような設計になっていた。ハリントンが指導するとき、訓練生は彼の前席に座っているので、2人とも戦闘機の鼻の先端から機体の末端までを結ぶ直線上に座っていることになっていた。A－6戦闘機では、ハリントンは教官の隣に座っていて、戦闘機の直線からやや左側の位置に座っていた。

上官着艦信号士は、ハリントンの問題がわかった。つまり、仮にハリントンが戦闘機の正中線から離れた位置に座っている場合、その戦闘機の先端と滑走路の中央の線を合わせるテクニックは効果がないということである。

上官着艦信号士は、その診断をハリントンに伝えたが、彼は、滑走路の中央の線から約50センチずれているだけなので、それはたいした問題にはならないと言うのである。

そこで、上官着艦信号士はその場であることを試してみた。あなたも試してみるといい。上官着艦信号士はハリントンに自分の前方に親指を立ててみるように指示した。親指は、戦闘機の鼻先の部分を意味している。

次に、ハリントンは片目を閉じて、部屋の中にある垂直に立っている線に自分の親指を合わせてみた。その線は戦闘機が到着するべき滑走路の中央の線を意味する。それから、ハリントンは50センチほど左側に自分の頭を動かすように言われた。それは、彼が戦闘機の中央に座っていないことを表している。あなたも親指を部屋の中の垂直な線に合わせるとなると、親指をかなり左側に移動させる必要があることがわかるだろう。

ハリントンは自分の考えに誤りがあったことに気づかされた。彼は、戦闘機の鼻の部分をかなり左側に引き寄せることで、滑走路のやや左側に機体を着陸させていたのである。

その意味がわかった翌日、彼はすべての着陸試験をパスすることができたのである。

上官着艦信号士がハリントンをどのように救ったのかを検証してみよう。彼は何かがおかしいとわかった。だから、ハリントンに何も責任がなかったとしても、彼のところへ行って会話を始めたのである。彼はハリントンに何も教えることはなかった。講義をすることもなかった。ハリントンの問題を診断するためにその場にいたのである。

いったん、ハリントンの考え方に間違いがあると気がつくと、上官着艦信号士は、彼が間違いに自分で気がつくようにエクササイズをやらせてみた。そのエクササイズを実際にやってみると、ハリントンは、戦闘機の鼻の先端を滑走路の中央の線に合わせればいいという自分の考え方はまったく役立たないことに気づいた。

こうした矛盾から、ハリントンは着陸するための自分の根本的な考え方を捨てざるを得なくなった。発見は、概念的であり、かつ感情的なものでもあった。上官着艦信号士は、理想的な教師、コーチとしての見本である。

私がハリントンのことを考えていたのは、デボラ・ボールという小学校3年生のクラスで算数を教えているベテランの女性教師についての記事を読んでいたときのことだった。

ボール先生は、奇数と偶数を区別する方法を生徒たちに教えていた。

ショーンという名の少年が、6という数字は奇数にも偶数にもなり得ることをクラスで発表した。

彼はその理由をこう説明した。「3に2をかけると6になる。だから6という数字は3という奇数の数字と2という偶数の数字からなる。また、奇数である2つの数字を足すと偶数になる」という理由だった。

しかし、ボール先生は彼の説明をただすこともなく、また、彼を無視するわけでもなく授業を続けたのである。その代わり、クラス全員にそのことを考えさせたのである。彼女は、ショーンにクラスの誰もが困惑するだろう論理を説明させた。その後、クラス全体にショーンの説明についてコメントさせせた。

クラスは、奇数と偶数の属性についての議論をするようになった。ある生徒は、覚えやすく、応用しやすい定義を思いついた。「ある1つの奇数の数は2つの数のグループに分けられると1つの数が残る。これは、6は偶数でもあり奇数でもあるというショーンの主張に矛盾する」というものである。これにはショーンでさえも納得した。

また、他のある生徒は、奇数と偶数が混在するある分類にも気がついた。「10という数字は、ショーンが言う6の数字と同じ性質を持っている。つまり、2×5ということ。この新しい分類は、それぞれ1つずつの奇数と偶数が作られる」というものである。クラスは、この数字を「ショーンの数字」と名づけたのである。

ここでのポイントは、先生がショーンの間違いを訂正しなかったことである。その代わり、クラス全体がショーンの推論の間違いを考察したことである。

授業の終わりには、ショーンは、自分で自分の考え方の間違いをただしたことである。ショーンは、奇数と偶数について新しい発見をすることができたのである。

ボール先生は正解にとらわれているわけでもなく、ショーンがクラスの議論に持ち出した間違いに困惑されたわけでもなかった。彼女は、ショーンの思考の中に入り込みたかったのである。彼が推論を説明したとき、彼女はどこで彼が考えを間違えたのかがわかった。なぜ、間違った解答を導き出したのかを理解することで、彼と同じような考え方をする生徒たちの間違いを直す方法を考案したのである。

記事の最後に、彼女は「教えるということは、教える者が何を考えているのかではなく、学ぶ者たちが何を考えているのかということによって決まるのです」と語っていた。

こうした教え方というのは、非常に大変なものである。ただ正解を知っている以上のことが要求されるからだ。しかも、好奇心、思いやり、相手の視点に移す能力などが必要である。それには、他人に何かを発見させるのに矛盾点を利用するスキルによるところが大きいのである。

私は依然として、他人が自分で「見えない問題を見抜く力」を発揮できるようにすることを目標としている。そこまで到達する道のりは長い。

その人に問題解決法を発見させる

次の事例は、ある海兵隊員に、潜伏する際のメンタル・モデルについて、彼ら自身に問題を発見させることができたという話である。

実はこのことが判明するのに、私は15年の歳月を費やした。将来、似たような問題に遭遇したとき、自分も対応する時間を短縮できるようにしたいと思った出来事である。

私は米軍で、若い海兵隊員、軍曹、下級伍長たちの意思決定のスキルを鍛えるプロジェクトに関わっていたことがある。

1997年、彼らは訓練を受ける準備をしていた。1回目のトレーニングで、私は紙と鉛筆でできる一隊レベルでの単純な意思決定ゲームを紹介した。

ある部隊は3つの小隊からなり、262ページの図の左側から右側へ向かって前進していた。道の北側に2つの小高い丘があり、左側の丘は右側の丘よりもほんのちょっとだけ高い。日はすでに遅く、夕闇になっている。

敵は右の丘の上に位置している。敵は第一小隊と第二小隊を下に見据えて待ち伏せ攻撃を仕掛けているため、2つの小隊は身動きできない。2つの小隊は避難しようとしていたが、成功する見込みはかなり低かった。

このゲームにおける意思決定者は、第三小隊隊長であり、第三小隊はまだ敵の待ち伏せ攻撃を受ける範囲に入っていなかった。

窮地に立たされている、第三小隊長役を任された筋肉質の軍曹に、私は「早くしないと。あなたならどうする？　あなたは第三小隊の隊長なんですよ。隊員たちに号令をかけなさい」と告げた。

彼は躊躇することなく、部隊に号令をかけた。彼は「みんな、私について来い」と言って、自分の小隊を右の丘の上に導こうとし、敵に直接向かおうとしたのである（次ページ参照）。

この解答はあり得ないと、私は本当にびっくりした。しかし、私は軍曹にどのような言葉をかければいいのかわからず、そこにいた他の下士官たちに「あなたならどうするか？」と質問をしてみた。

彼らの解答は私の考えに一致するものであった。正しい判断は、左側の丘の頂上まで登り、この位置から敵を駆逐し、身動きできない他の小隊を救助するというものであった（264ページ参照）。

部隊を救うために、軍曹が下した意思決定

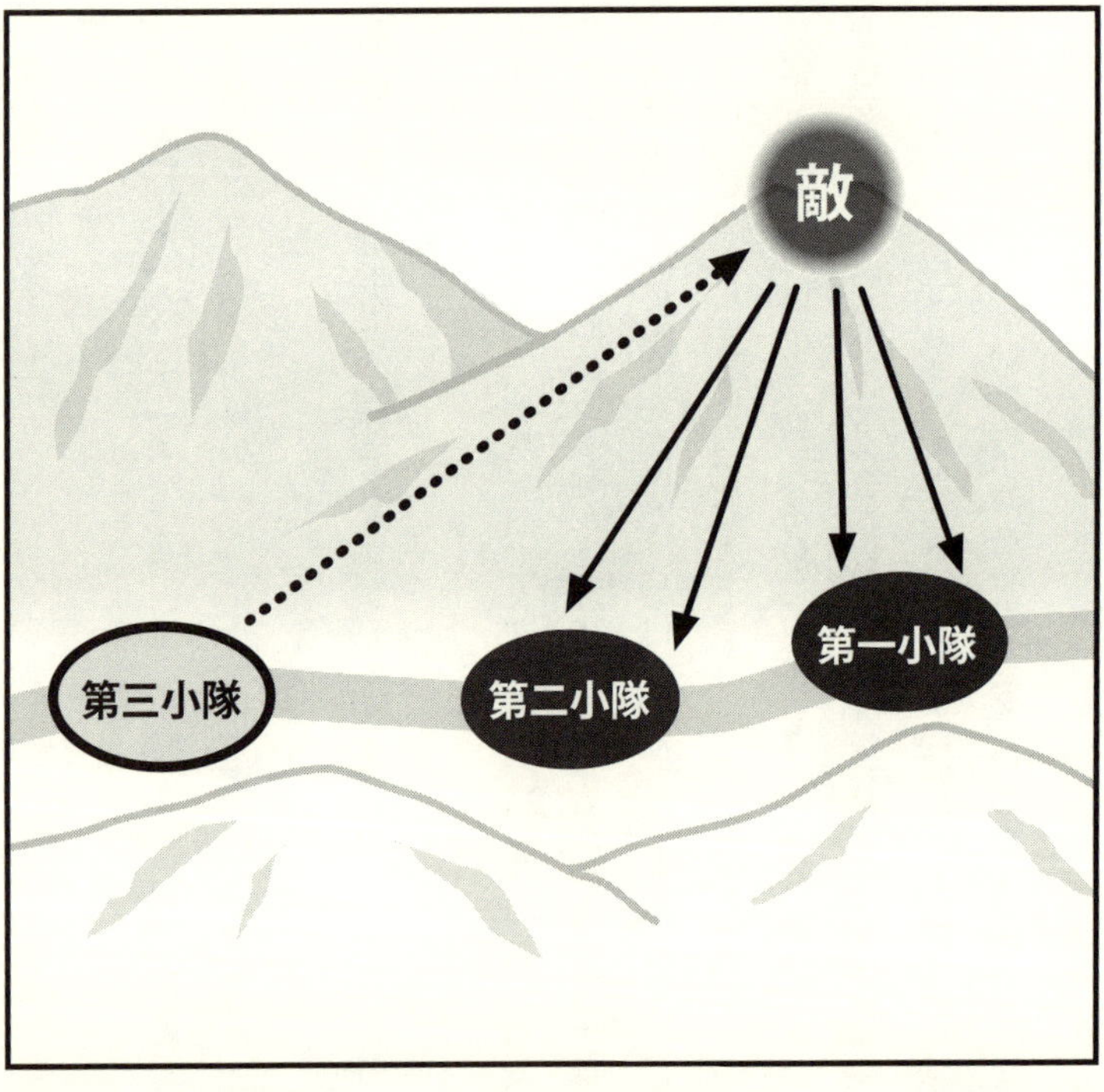

軍曹は、第一小隊、第二小隊を助けるために、自らの部隊を敵地に突進させた。

この出来事からすでに15年の時が過ぎ、この章を書くときに、自分がこのような状況にどのように対処するべきだったかがわかったのである。

第三小隊長役を務めた軍曹は、この状態を待ち伏せ攻撃として分類したのだと認識すべきだったのである。しかし実際には、彼の小隊は敵からの攻撃を受けていなかった。敵からの待ち伏せ攻撃を受けていたのは第一小隊と第二小隊であった。

私は、かの軍曹は基本的な戦術理論を適用したのだと考えた。それは「待ち伏せ攻撃を受けた場合、攻撃の中心となるところを速やかに撃て」というものである。その戦術理論の合理的根拠とは、敵は通常、攻撃可能な範囲に自分を追い込むものであるから、最も抵抗の少ない道を進むならば、敵の餌食《えじき》になるというものである。したがって、一番安全な戦術とは、敵に攻撃させるために、直接敵に進軍することである。

ところが、この対抗戦術は、ここでは適用されないはずである。なぜなら、第三部隊は待ち伏せ攻撃を受けていなかったからである。彼は戦術理論を誤って適用していたのであった。

私は軍曹の推論について質問をしてみることで、その理解を助けるべきだったのである。

部隊を救うための正しい決断

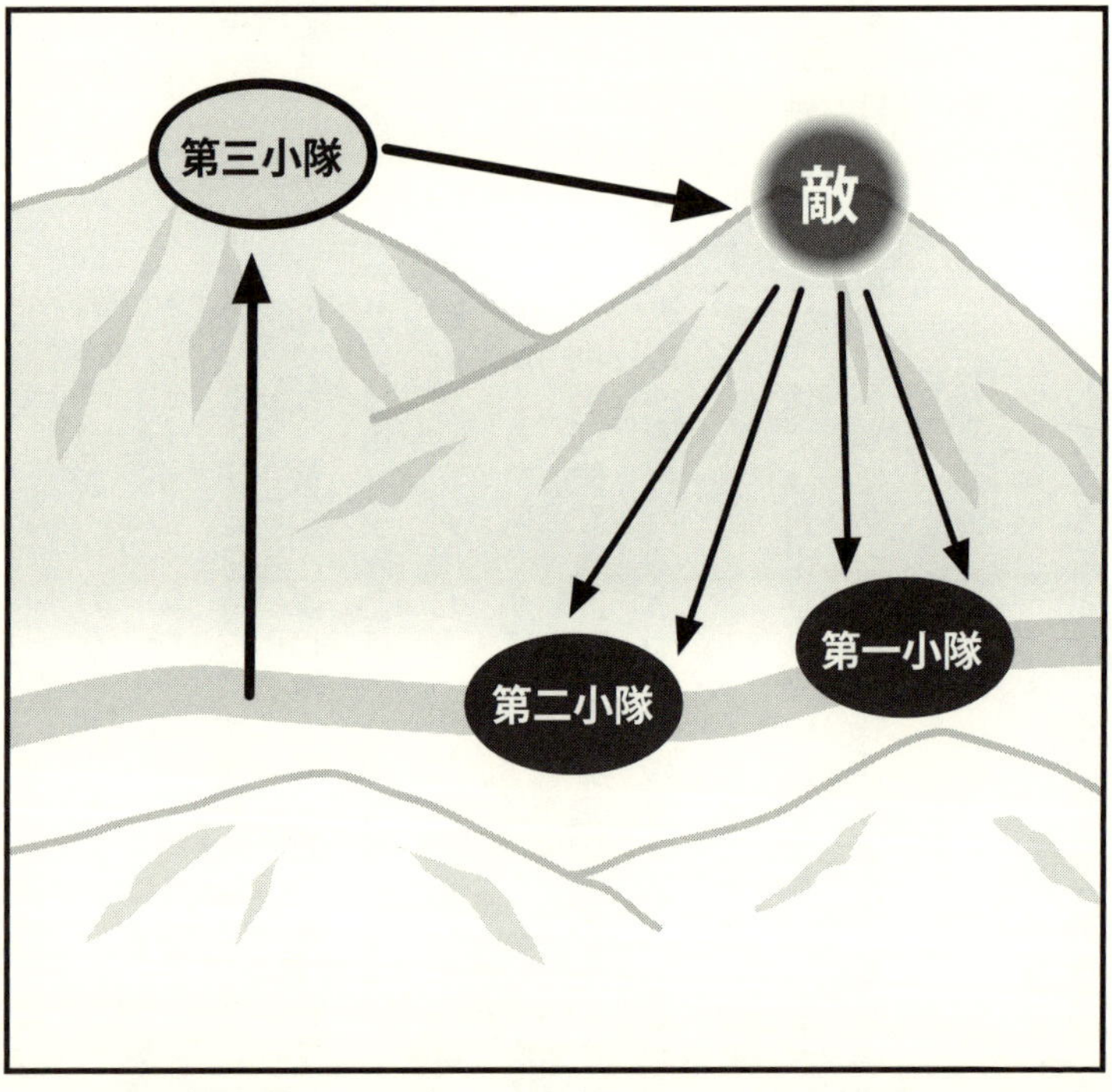

正しい意思決定は、側面から敵を攻撃し第一小隊、第二小隊を逃がすことである。

軍曹の発言から、待ち伏せ攻撃について理解している誤りを診断することができたはずであった。

私は他人の「見えない問題を見抜く力」を導くことができなかった。私が教訓とすべき、しくじりだった。

CHAPTER 16

「見えない問題を見抜く力」は組織を救う

組織におけるパフォーマンスの上下の矢印

組織が「見えない問題を見抜く力」を発揮させるようにするということは、次ページの「パフォーマンスの方程式」において、下の矢印だけが一方的に伸びることを抑えることを意味している。

それゆえに、組織は上下2本の矢印のバランス、つまり、ミスを減らして上の矢印が伸びるようにすること、また、その一方で「見えない問題を見抜く力」が伸びるようなバランスをとるようにしなくてはならない。

組織で働く人たちは、予測可能性と完璧主義というプレッシャーに直面していて、経営者たちは、できるだけ厳密に予定や作業を明確化し、「見えない問題を見抜く力」を、予

個人・組織を左右する2つの矢印
「パフォーマンスのモデル」

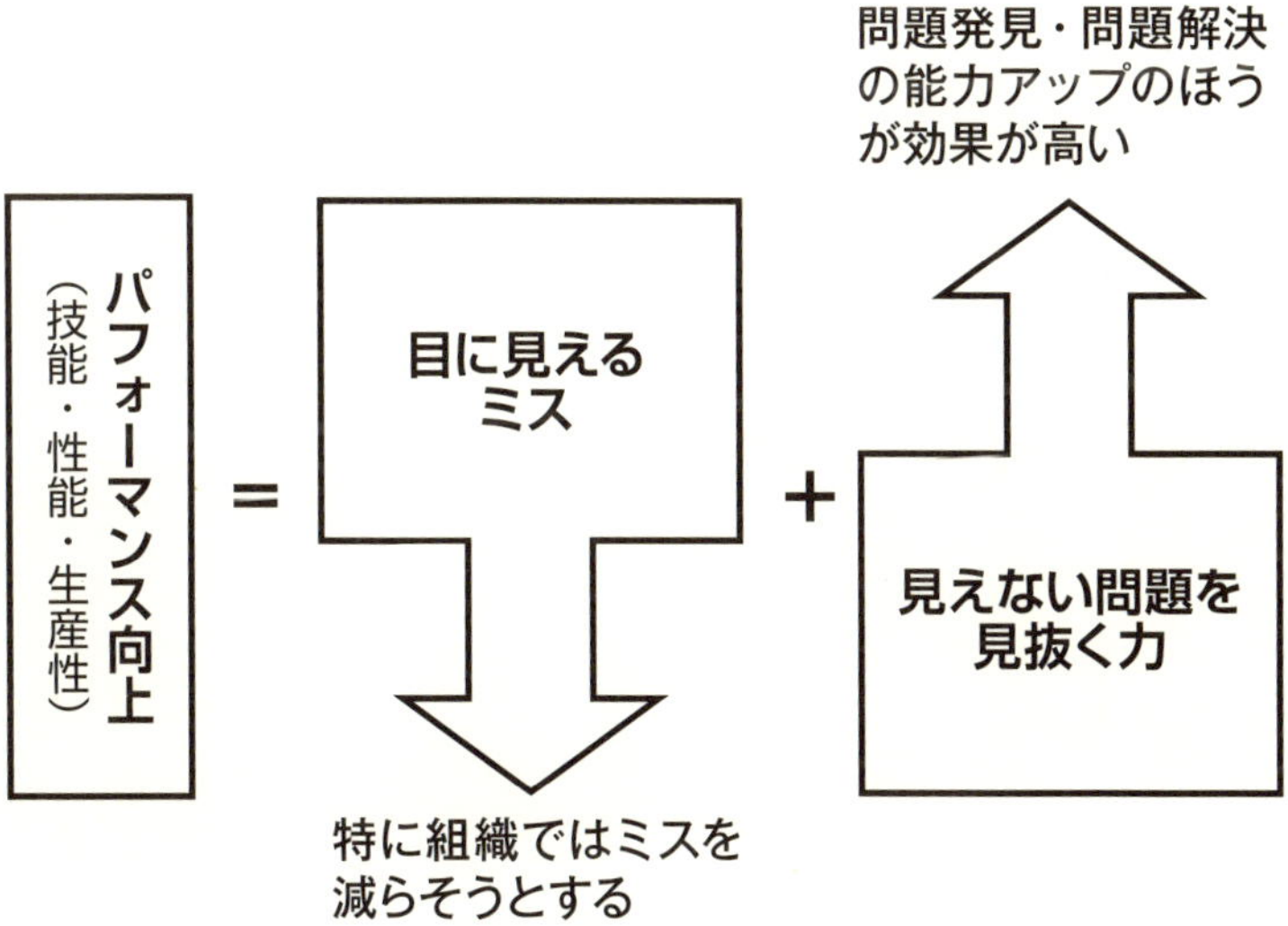

定を狂わすものとしてみなそうとする。そのうえ、ミスというのは公に知られることになる。つまり、ミスは人の目に見える可視的なものであり、ミスを追跡調査して、測定することもできる。

経営者は、従業員たちがいい仕事をしている証拠として、失敗する率を減らすことを示すことができるのである。

単純な解決策は、そのような手を緩め、検証する回数を減らし、ミスを防ぐために設計された活動を抑えることである。もし私たちが下への矢印を車のブレーキのようなものだと考えるのならば、組織はブレーキを強く踏んでいるのをやめる必要がある。組織が急ブレーキをかけることに懸命になっているのであれば、その「車」が遠くへ行けないだろうことは疑いようがない。

残念ながら、予測可能性と完璧主義の力は、人にプレッシャーを与え続けるだろう。だからこそ、下への矢印によるプレッシャーを緩める何らかの努力は、時間をかけて明らかになっていくことだろう。

仮に私が巨大組織で働いていて何か失敗をしたのならば、自分のキャリアや名声への悪影響を可視化することができる。しかも私は、仕事仲間と自分がミスの多くを目で見えるようにすることができるのである。

ところが、「見えない問題を見抜く力」は可視化することができない。もし私が下への矢印を伸ばすことを緩めたとしても、自分がどのような発見をできるかについては想像することはできない。

また、従業員たちが組織内で「見えない問題を見抜く力」を発揮できるようになったと騒ぎ立てていたとしても、そうした改革者たちのほとんどが幸せな結末を迎えることはなかった。だからこそ、組織が今まで重視してきた管理手段のいくつかを捨てるように期待することは現実的ではない。そうした管理手段が、組織運営のすべてなのである。

予測可能性と完璧主義の必要性が人々の労働意欲を高め、彼らの行動の予定を組むのであり、それは**組織のプログラム、プロジェクト、そして人々を管理するための本質**なのである。

一体、私たちは何をすることができるのだろうか？

パフォーマンスを上げる上への矢印を強化する

私たちは、「見えない問題を見抜く力」や何かを発見することにプレッシャーを与える下への矢印に対抗する力を促進することができる。これが意味していることは、予測可能性やミスへの恐怖心とのバランスをとるために、パフォーマンスを上げる上への矢印を強化するための手段を見つけるということである。

1つのアイディアとして、発見に導くような活動を活発にするために、**「見えない問題を見抜く力」を提唱するチームを立ち上げる**ことである。

諜報機関には、分析結果を統合したり、批判的思考を促進するための部署がある。大企業には、品質向上と欠陥品を減らすための部署がある。なぜ、「見えない問題を見抜く力」を提唱するチームを作って、バランスをとろうとしないのだろうか？

チームメンバーは、普段の仕事に加えて、組織の中をぶらぶらと歩き回り、「見えない問題を見抜く力」が発揮され、問題解決のための新しい発見がもたらされた事例を収集するのである。

その方法は、私が事例を集めたやり方と同じである。チームは毎月、最高の事例を社内に拡散して知らせることで同僚を励まし、また、従業員たちの「見えない問題を見抜く力」を組織が重視していることを示すのである。

数年前、私はアメリカ海軍で、大型戦艦で必要な隊員数を減らす軍事プロジェクトに従事していた。チームの1人が私に、同僚のデイビッド・クリンガーと話をするべきだと言ってきた。彼は最近、原子力発電所での防災訓練方法を向上させるのに貢献した人物であった。クリンガーが提案したことの1つに「緊急対応チームの規模を削減する」というものがあったが、そのことを誰もが疑問に思っていたのである。

私がクリンガーにインタビューをしてわかったことは、原子力発電所の緊急対応チームの構成人数を80人から30人に減らすことができるというのである。現在の対応チームは人数過剰であり、お互いの仕事を干渉し合っているというのが理由であった。

クリンガーと私は、増員することでどれだけ対応チームの労働生産性が向上するのかについての思考モデルを構築したのだが、その規模が大きくなりすぎて問題が生じてしまったのである。

新しい人数を増やすことでの限界価値（注：経済学用語で、生産量を小さく1単位だけ増加させたとき、総費用がどれだけ増加するかを考えたときの、その増加分を意味する）は、調整費用（注：取引する相手を探し出したり、取引条件をすり合わせたりするための費用のこと）よりも小さかった。

こうした事実は、クリンガーとの会話の中から偶然にわかったことであった。私は彼に、「私たちが何か共有すべき気づいたことや発見があるか？」と訊ねるようなことはしなかったことに注意してほしい。

私には、ある疑問があった。それは「どうやって人員を削減するか？」ということであった。実はこの疑問が、私たちの議論の触媒となったのである。

「見えない問題を見抜く力」の提唱者たちは、ストーリー（物事の流れ、物語）を利用することで、彼らが学んできたことを他者と共有することができる。

２０１１年９月、シンガポールで、私は５日間に及ぶワークショップと、ストーリーテリング（注：人物や出来事についての原因と結果の流れを意味づけして語ること）を行うという素晴らしい機会に恵まれた。

ストレイツ・ナレッジ社の創業者であるパトリック・ランベと、ストーリーテリングを活用するアネックドート社の創業者兼社長のショーン・キャラハンと一緒にこのワークショップを開催した。

パトリックは、「見えない問題を見抜く力」について私が抱いている関心事と、ストーリーテリングについてのショーンの専門知識を組み合わせた内容のものを、ワークショップで披露してくれた。

当初、私はそのワークショップを開催することを渋っていた。それというのも、コラボして何ができるのかと疑問に思っていたからである。しかし、ワークショップの終盤では、ストーリーテリングと「見えない問題を見抜く力」のコラボに感謝するようになった。

そもそも、私の研究サンプルの１２０の事例は、すべてストーリーである。ここで、シヨーンがシンガポールのセッションで紹介したストーリーの１つを取り上げてみよう。

彼は、地元のある企業で、リーダーシップについてのワークショップを開催した。ワークショップを開催する際、彼は自分の会社のスタッフたちに、良い企業、悪い企業を問わず、リーダーシップで心に魅かれたストーリーを1語1句そのまま書き下ろしてもらっていた。

そして、ワークショップでは、参加者たちに社員の人間関係について最も意義深いと思われるストーリーを紹介してもらった。

参加者たちが選んだストーリーは、非常に元気がなく、ストーリーというよりもより観察記録に近いものであった。ある女性が言うには、彼女がマネジャーのオフィスに行くと、マネジャーはいつもパソコンの画面を見つめながら彼女と話していたということだった。

ところがある日、いつものように彼女が部屋に入って来るのをマネジャーが察すると、彼は自分の手を止めて、部屋の真ん中にあるテーブルに向かい、椅子に座り、彼女だけに関心を寄せているかのように接してきたという。

彼女は、彼のそうした振る舞いに感謝していると言って自分のコメントを終えた。なぜなら、マネジャーが自分のことを大切に思ってくれていると感じ、他の管理職の誰もがそのように振る舞っていなかったからだと言った。

ワークショップの参加者たちは、このストーリーについて議論を続け、紹介されたストーリーの中でこれが最も意義深いものであるとした。なぜなら、この話は社員との人間関係を向上させてくれる単純な方法だからである。

このようなワークショップを1年ほど継続すると、人事部長がショーンと彼のスタッフたちを呼んで、新しいストーリーをまた集めてほしいと頼んできた。なぜなら、社員たちが以前に学んだ一連のストーリーに飽きてきたからだと言う。

そこで彼らが新しいストーリーを集めてみると、スタッフたちが次から次へと同じ話を始めた。「いいかい、何が変わったのかわからないよ。だって、いつもマネジャーのオフィスに行くと、やっている作業を止めて、部屋の中央にあるテーブルにやって来て、じっと見つめて、マジになって聴こうとするのだから」と言うのである。

ショーンと彼のチームは、こうした変化に驚いた。彼らは、そうしたことが生じたのは4つの理由からだろうと推察した。

(1) 参加者たちは、自分たちでやり始めた（専門家が考え方を教えたのではない）。
(2) そのストーリーの中から具体的な指示を得た（ストーリーはどれも自然なもので、具体的な内容である）。
(3) 仲間たちも全員、それが最も重要なストーリーであると合意した（社会的証明）。
(4) ストーリーには感情があった（ワークショップの参加者たちは、話をした女性の反応を「感じる」ことができた）。

この最後の要素は、特に注目するに値する。ストーリーの感情的な内容によって、参加者たちは行動を起こしたのである。つまり、感情によって「見えない問題を見抜く力」が継続的に続く組織の変化に転換されたのである。

ショーンは「変化をもたらすストーリーの力とは、感情と理解の両方から生じるものである」と主張している。

私は「見えない問題を見抜く力」を提唱するチームを立ち上げる方法について考えるのは好きであるが、組織がその力を維持したり、もしくはパフォーマンスが向上する上への矢印を上げるように試みることには悲観的である。

ショーンのようなカリスマ性のあるリーダーなら、組織に変化がもたらされるような刺激を与えることができるかもしれない。しかし、私が疑問に思うことは、彼のストーリーを語るテクニックがひとたび組織の中で習慣化された場合、どれくらいその効果が続くのかということである。

2012年、ハイドン・ショーネシーは、『フォーブス誌』に、チーフ・イノベーション・オフィサー(CIO)たちとの対談についてのコラムを投稿した。チーフ・イノベーション・オフィサーとは、パフォーマンスを上げる上への矢印を強化し、「見えない問題を見抜く力」を提唱し、ストーリーテリングのプログラムを奨励する必要のある役職である。

こういった役割は必要であるが、それでも私は依然として悲観的である。よくあることだが、優れたアイディアが流行として一時的にもてはやされては消えていき、それがリーダーシップ論として興奮を与える次の新しいアイディアにとって代わってしまうのを、私はよく見てきたからである。

❖ 情報を選別する下への矢印を緩める

企業がミスを減らそうとする下への矢印をあれこれフィルタリングをかけ、物事を駄目にしてしまうような体質を変えるための1つの方法として、**もう1つ別の報告手段を準備するというものがある。**そうすることで、従業員たちは従来の報告手段を通す必要もなく、個人としての意見を言うことができる。

こうした代用となる報告手段は、情報を選別するフィルターを避けることができる。従業員たちは批判にうるさい人間になりたくないと思っている。そして、自分たちのプロジェクトやレポートに影響を与えたいと思っている。

したがって、人は自分のアイディアが企業の見解そのものとなってほしいと思っている。つまり、それは完璧な検証と編集過程を経ることを意味する。

私が、こうしたフィルタリングについての問題を友人であるアメリカ軍中将に説明したとき、彼は階級に設定されているフィルタリングを飛び越えるための方法を話してくれた。彼は、自分よりも下の階級の人たちと対話関係を成立させようとしていた。

彼らが情報選別のフィルターをかける前に、対話によって彼らのアイディアや関心事に接することができる。上官が情報伝達の連鎖を切り離したいとは考えていないが、実際、彼はそうやって人と接していた。もし下士官たちが発言を思い留めるよりも、中将に直接に接してみたいと思うのならば、彼らの意見が中将の気分を害すような内容だとしても、本当に思っていることを伝えなくてはならなくなるだろう。

一方で、諜報分析官の私のある親友は、違う見解を持っている。その友人も自分がいた組織では飛び越えなくてはならない多くの障壁があったという。1枚の書類を却下するのに、1人の人間が審査する過程で、1つのオフィス内だけで判断していたという。したがって、その情報分析は強制的に妨げられ、修正されてしまう。

私の友人は、このシステムの脆弱性《ぜいじゃく》をカバーするための方法を提案してくれた。それは、大胆すぎるという理由で却下された意見書を審議するための場所を設けるというものであった。いわゆる**「見過ごされた意見書の再審議場」**というようなもので、組織にとって好ましくない見解を排除しようとする企てからの抜け道を提供するうえで、必要となる書類審査会である。

ところが、私たちは情報選別のフィルタリングの審査過程をそこまで緩めることはできない。思い出していただきたい。私たちの目的は、2本の矢印のバランスをとることでパフォーマンスが高まるようにすることである。

一方の矢印が、他方の矢印に対して支配的になることではない。組織に起こり得る、あらゆる可能性のあるアイディアを検討するのならば、混乱した状態になり、機能不全になることだろう。

アメリカ連邦捜査局の中間管理職の職員たちがあらゆる警報を上層へ流したら、局内は警報だらけとなってしまう。諜報機関は継続的に警報を外部から受けており、そのうちの大部分は見過ごされてしまうが、そうした情報が複数の審査過程を経ることになるからである。

だからこそ、「見逃された意見の再審議場」は、審査過程の中間段階では役立つかもしれない。それは情報選別のフィルタリングを取り外すことではなく、フィルタリングは残しておき、たとえば、従業員たちが警報の内容について異変を強く感じる場合、再審議するための場所を準備するということである。

この見過ごされた意見書の再審議場で、リスクをとることを嫌う経営者たちが、理にかなった意見を却下してしまう可能性を抑えることができるかもしれないのである。

組織は「意志力」を高めるしかない

組織における問題とは、従業員たちの「見えない問題を見抜く力」を発揮させないようにしたり、彼らの発見を情報の選別フィルターで除外してしまうことよりも、より一層深刻になるかもしれない。

多くの場合、問題は「見えない問題を見抜く力」を持つことや、何かを発見することについてではない。その力や何かを発見することに基づいて「行動すること」に他ならない。組織というものは、変化を起こす意志力に欠けているものである。どれだけ状況が緊迫しているのかに盲目的かもしれない。リーダーたちは何をしなくてはならないのかについて知っていても、そうするためのエネルギーを起こすことができない。

リーダーシップ論と組織論の権威者である、ハーバード・ビジネススクールのロザベス・モス・カンターは、企業に意志力が欠けていることについてフラストレーションを感じていた。

彼女はこう語っている。

「私が今でも見かけるのは、どの経営者たちもイノベーションについて、以前に流行《はや》ったものの価値に見切りをつけるための勇気や知識を一様にして持っていないことです。彼らはイノベーションを起こしたいと公言していますが、私はそこで質問するのです。『他に誰がそのイノベーションを起こしているのか？』と。彼らは新しいアイディアを探し求めていると主張していますが、誰からのアイディアでも拒絶するのです」

私がこのチャプターを書いていて見つけた事例がある。

イーストマン・コダック社がちょうど連邦破産法11章の適用を裁判所に申請した。同社は、1880年に設立され、1888年に世界初の丸める写真フィルムを発売し、1900年には1ドルのブローニー・カメラを発売した。これによって、写真撮影が大衆化することになった。

コダック社はそれから1世紀に及び、写真産業を席捲《せっけん》することになった。1976年、アメリカにおけるカメラ販売のうちの85パーセントを占め、また、写真フィルムの90パーセントを占めるに至った。

1976年には、コダックの株価は1株当たり95ドルにまで達した。ところが、同社はその時点から下り坂に転落することになる。そしてついに、2012年1月19日、破産法11章を申請したのである。そして、同社の株は1株当たり36セントで売られることになった。

コダック社の失敗は、旧式のカメラからデジタル・カメラへの転換に乗り損ねたからである。言い換えれば、デジタル技術が開発された結果、巨大な企業が、これまでのビジネス・モデルが通用しなくなったことを見抜けなかったことについてのありふれた話である。

ただ、ありふれた話というのは事実を十分に説明するものではない。実はデジタル・カメラは、そもそもコダック社によって発明されたものなのである。

スティーブ・サッソンはコダック社の電気エンジニアであったが、1975年に世界初のデジタル・カメラを開発した。彼と彼の上司は、1978年にその特許を取得した。コダック社がデジタル革命を見逃すことはなかった。なぜなら、同社がカメラ界におけるデジタル革命を起こしたからである。

コダック社は、デジタル革命がどれだけ市場を変えることになるのかについて予期していた。しかし、デジタル・カメラからの小さな利益と比較して、写真フィルムからの莫大な利益を手放すことを渋った。同社は、転換する時期がきたと考えていた。それでも、急進的な改革を急ぐ必要があるとは感じていなかったのである。

コダック社が、デジタル・カメラの市場参入を真剣に進めるようになったとき、2005年までの売上は業界1位に成り上がっていた。しかし残念ながら、その地位はニコン、ソニー、キヤノンなどの競争相手たちによって追われつつあった。その後、カメラは携帯電話の中に組み込まれるようになり、「コダックの瞬間」(注：シャッター・チャンスのこと)を求め、家族や友人にすぐに転送したい消費者からすれば、デジタル・カメラそのものがどうでもいい存在になってしまったのである。

恐るべき同じようなシナリオが、ブリタニカ社にも起こった。1990年、同社は

6兆5000億ドルもの収益を上げた。しかし1996年までには、その収益は半分にまでなり、同年、同社は1兆3500万ドルで身売りすることになった。

創業以来、最も権威のある百科事典を製作してきた同社にとって、悲しい終わり方であった。ジョージ・ワシントンやトーマス・ジェファーソンの著作物は全巻を揃えて発刊しており、1980年代まで、ブリタニカ社は百科事典の完全なセットをわずか250ドルで製造していたのである。

その百科事典を、なんと1500ドルから2000ドルで販売していた。『ブリタニカ百科事典』のブランド力は著名な寄稿家たちを引きつけ、しかも最低の執筆料だったのである。それでも、自分のサイン入りの記事を書けるという名誉に対して、彼らは執筆することは光栄であると感じていた。

ブリタニカ社のビジネス・モデルの核心は販売力にあり、販売員たちは1セットにつき、500ドルから600ドルくらいの利益を受け取っていた。1軒1軒歩き回って営業する必要もなく、購入してくれそうな顧客に訪問の予約を取るだけで十分だった。ブリタニカ社の最高経営陣の多くは、営業販売員からキャリアを始めていたのもうなずける。

ブリタニカ社にとって何もかもがバラ色に思えた。だからこそ、経営陣たちはCD-ROMのような新しい情報技術がもたらされることが何を意味するのか意識することはなかった。

1985年、同社は、マイクロソフト社から百科事典をCD-ROMに移植しないかという申し出を断った。その主な理由とは、CD-ROM版がどのような影響を紙版に与えることになるのかについてわからなかったからである。

そして、同社の販売部、特に営業販売員たちは、今まで成功してきた自分たちのビジネス・モデルを保守することに断固とした態度を取った。なぜマイクロソフト社の人たちは情報を印刷本にしないで、より安い値段で売りたがっているのか？　それは意味がないことだと考えたのである。

ブリタニカ社の経営陣たちは、CD-ROMの可能性を見抜けなかったのだろうか？

それは違う。なぜなら、同社は1989年に、CD-ROMに収録した世界初のマルチメディア型百科事典の1つを販売しているからである。それは『コンプトン百科事典』と呼ばれるもので、『ブリタニカ百科事典』ほどの敬意は受けていない。しかし、その利用者数は増え続け、1991年にはマイクロソフトDOS版とマック版が発売されたのである。

それでも、ブリタニカ社はその商品をどうやって販売するべきかわからなかった。同社は、紙版の百科事典を購入してくれた顧客にCD-ROMを無料贈呈し、CD-ROMだけを買い求める顧客には895ドルで販売した。しかし、それだけのお金を喜んで払ってくれる顧客を同社はそう多く見つけられなかった。

1993年、マイクロソフト社は自社製のCD-ROM型百科事典である『エンカルタ』を発売した。これは、ファンク&ワグナルズという大衆向けの百科事典のデジタル版で、そうした百科事典はスーパーマーケットの特売品目として売られているものだった。

『エンカルタ』には、魅力的な画像やビデオや音楽もついているという特徴があった。マイクロソフト社は、ウィンドウズのソフトを購入してくれた顧客に無料で『エンカルタ』を贈呈し、これだけを求める顧客には100ドルで販売した。

1990年代初め、『ブリタニカ百科事典』の売上が下がり出したとき、パニックに陥った経営陣たちはついに、そのCD-ROM版を1994年に販売することにした。紙版の『ブリタニカ百科事典』を購入してくれた顧客にCD-ROM版は無料で贈呈していたが、紙版を購入していない顧客には1200ドルで販売した。

しかし、『エンカルタ』の売上に追いつくにはあまりにも遅すぎた。1996年までには、CD-ROM版の『ブリタニカ百科事典』の値段は200ドルまで落ちた。その年の後にブリタニカ社は売却されたが、2001年に出現することになったグーグルのウィキペディアと厳しい競争にさらされることになったのである。

結局、マイクロソフト社とグーグルに市場は独占され、ブリタニカ社はあっけなく没落していったのである。

この2つの事例は、それぞれの企業に「見えない問題を見抜く力」がなかったわけではない。両社に欠けていたものとは**「意志力」**なのである。

コダック社は、世界初のデジタル・カメラを開発した。ブリタニカ社は、CD-ROMに収録した世界初のマルチメディア型百科事典を開発した。両社とも、以前まで非常にうまくいっていたビジネス・モデルの罠にはまってしまっていたのだ。

コダック社の写真画像部門は、たいした売上が見込めないデジタル・カメラ事業に戦略を移行することに反対した。ブリタニカ社の営業販売部は百科事典をディスク化することを拒んだ。それぞれの企業が、元来のビジネス・モデルで利益を上げることができている間に、また、企業の崩壊が始まる以前に改革を起こすべきだったのである。

のちになって考えてみれば、私たちは両社に対して厳しく評価するべきではないかもしれない。両社とも、それぞれが参入すべきだった新種のビジネスに歩調を合わせてはいなかったのだ。コダック社は写真フィルムの市場を独占していたが、その市場が崩壊したことで、デジタル・カメラという競争の激しい分野に参入すべきだっただろう。また、携帯電話のカメラが出現したことに直面して、デジタル・カメラの市場が収縮することを見届けることになるはずだ。

ブリタニカ社に対しても同様である。仮にブリタニカ社がCD事業に参入したとしても、さらに同社がＣＤ事業から検索エンジンの業界に移ったとしても、ウィキペディアに出くわすことになるだろう。

両社とも、実のところ情報技術のビジネスに関わっていない。私には、それぞれの企業がどうやって崩壊から回避できたのかはわからない。しかし、長い間、改革することに対して抵抗してきた経営陣の責任が依然としてあると言わざるを得ないのである。

コダック社とブリタニカ社は、なぜ企業が継続的に新しいものを自分で生み出さなくてはならないのかという事例としてときどき引用され、好ましくない意味で、ハロイド写真会社と比較される。

この会社は印画紙やその関連機器を取り扱う企業で、第２次世界大戦後にゼロックス社に改称された。この会社も、世界最大規模の情報技術会社であるＩＢＭ社と比較される。ＩＢＭ社は、パーソナル・コンピュータ、ディスク・ドライブ、その他のハードウェアのビジネスで毎年２００億ドルほどの利益をもたらすものであったが、それらの株を売却することにした。

なぜなら、グローバル競争の結果、そうした製品への投資に対して低い利益しか得られなくなったからである。ＩＢＭ社は、その規模を縮小することを選んだ。しかし、その結果、より利益を上げて成功し、事務機器の製造企業からグローバル情報サービスを提供する企業へと変身させたのである。ＩＢＭ社は、そうしなくてはならなかった以前に、また危機的経営の時期に突入した以前に、改革を断行したのである。

継続的な変革と再興という概念は、ダイナミックで興奮を覚える。しかし、過剰に組織を変革することや、絶え間なくビジョンを掲げ直すことで、企業が受ける損失、混乱状態、並びに組織内の調整が崩れることについて、私は心配するのである。

改革を起こそうとして悲惨な状態になるような経営上の失敗を犯した企業を無視する一方、コダック社とＩＢＭ社を比較することから、自分にとって都合のいい事例だけをつまみ食いするのは容易《たやす》いことである。

たいていの場合、「継続的な変革」というものは、「見えない問題を見抜く力」が偶然にも関係すると私は懸念する。継続的か、もしくはある一定期間の変革を提唱することは、それがルーチン化された行動のようになってしまうからである。

対照的に、「見えない問題を見抜く力」を発揮するということは、偶発的なことである。継続的な変革に執着し、やけっぱちな推測という力に頼る企業は、出来事のつながりを見抜く力、偶然の一致を見抜く力、好奇心、出来事の矛盾を見抜く力を敏感に感じ取る企業とは異なる。

組織が意志力を発揮するのは、企業が「見えない問題を見抜く力」、特に企業の初期段階での目的に向けてこの力を働かせるときである。目的へ向けての「見えない問題を見抜く力」というのは、目的に到達するために臨機応変に調整されるような目的ということではない。それでは、目的そのものを変更していることになるからである。

目的に向けて「見えない問題を見抜く力」を発揮させることについては、イラク戦争での自由作戦の実行期間中、イラクでのアメリカ軍の状況を一変させることに役立った。

2006年まで、アメリカ主導の連合国軍にとって、戦局は非常に悪いほうに進展していた。そのとき、アメリカ陸軍のショーン・マクファーランド大佐は侵攻方向を変えた。作戦が失敗に終わったと思われていたアンバル県のスンニ派の要塞から、連合国軍にとって安全と思われている地域へ向かうことにしたのである。

マクファーランドは、イラクのタッル・アッファル市の北西部を視察することを始めた。さらに数カ月間で、H・R・マクマスター大佐の戦術を観察することにした。

マクマスターは若い部隊員たちに、イラク人の尊厳を守り、尊敬の気持ちで接するように指示していた。彼は、「君たちがイラク人に対して敬意を表さないならば、彼らとは敵対することになる」と指揮していた。

要するに、イラクの対ゲリラ戦のための概念だった。マクマスターが、タッル・アッファル市で地元住民から十分な支持を得られたと判断したとき、彼はそこにいた反乱軍を攻撃、駆逐し、都市部一帯に前哨《ぜんしょう》基地を構えたのである。この戦術は、すでに定められていたアメリカ陸軍の軍規に反するものであった。

2006年6月、マクファーランドはアンバル県内の最大都市であるラマーディー市に配置されることになった。アンバル県はイラク最大の県であり、イラク全土の3分の1を占める規模である。ラマーディー市もまた、反乱軍の温床となっていた。過去に、この地では100人以上が亡くなっていた。この市はスンニ派の陣地でもあった。

スンニ派は、アメリカがサダム・フセイン政権を転覆したことに激怒しており、彼らは、シーア派とアメリカ軍に恨みがあった。そのときの海軍の諜報レポートには、アンバル県は反乱軍に占拠されたという情勢が報告されていた。

マクファーランドが、ラマーディー市での任務を引き継いだ当時、アルカイダが同市を運営していたことに気がついた。市長もおらず、市議会も存在せず、通信手段もなく、公共サービスもなかった。

彼はマクマスター大佐の戦術を、ラマーディー市を復興させるために適用しようと決断した。彼は自分の部隊が要塞内に隠れるのではなく、ラマーディー市の部族長に知ってもらいたいと思っていた。

彼は前哨基地をラマーディー市内に構え、アルカイダの攻撃を抑圧するための方法を探した。この戦術から、アメリカ人兵士とイラク人兵士たちが協力することになるだろうと考えた。マクファーランドは、地元のイラク人警察官を募集するという新しい政策を打ち出した。スンニ派の警察官を登用することで、自分たちの地域共同体を守ることに従事させたのである。

さらに彼は、ラマーディー市で起きた新しい政治的事件を巧みに利用した。アルカイダとかつてアルカイダを支持していた地元のスンニ派との亀裂である。

こうして、マクファーランドによるラマーディー市の鎮圧作戦はうまくいったが、アルカイダはテロ行為の脅威をさらに強めることになった。これにより地元のスンニ派は、一層、アルカイダに対して敵愾心を抱くことになった。そして、スンニ派の部族長たちが自分たちの部族を覚醒させて、アルカイダから領土を取り戻そうとする運動を起こしたのである。他の部族もその運動に加わっていった。

覚醒したスンニ派の部族長の1人がアメリカ軍に接触し、自分たちに軍事的に協力してほしいと提案してきた。マクファーランドにとって、これは重要な瞬間だった。

しかし軍の職務上、その提案に応えることは軍規外であった。彼の任務はスンニ派の反乱軍を鎮圧し、武装解除させることであった。それでも彼は、覚醒したスンニ派を信用し、以前は敵として戦ってきたスンニ派に協力したのである。

「見えない問題を見抜く力」から閃いた彼のアイディアとは、アメリカ軍は今、ラマーディー市で好機が到来しているのだから、その好機を逃さないと決断することであった。

私の観点からすれば、マクファーランドは「出来事のつながりを見抜く力」を発揮したのである。なぜなら、彼は新しく、予想もしていなかったアイディアの根拠を自分のメンタル・モデル（注：認識と意思決定で重要な役割を果たすモデル）につけ加え、自分が予測していた結果がどうなるのかを観察したからである。

マクファーランドの180度転換した動きは、バグダッドにいるシーア派のリーダーたちを激怒させることになった。彼らは「内戦を起こす」と脅しているスンニ派による暴動の連鎖に巻き込まれていった。

しかし、マクファーランドは自分の主張を押し通した。彼の目的が一転したのも、アメリカ軍にとってアンバル県を、反ゲリラ活動を鎮圧するためのきっかけとなる土地にすることであった。

2006年12月、運動を起こしているスンニ派と同盟関係にある部族の土地で、アルカイダによって3人のアメリカ兵が殺害された。そのとき、スンニ派はこの侮辱に対して、攻撃に関わったアルカイダを10日以内に殺害し、自分たちの威信を取り戻したのである。

2007年初頭までに、アメリカ軍とイラクのスンニ派同盟軍はラマーディー市の支配を取り戻した。マクファーランドの戦術は、アンバル県の残りの地域にも活用されるようになり、その後、同県はアメリカ軍にとっての安全地帯となったのである。

マクファーランドが従来の目的を一転させたとき、物事の成り行きに大きな反動的な出来事を引き起こした。実際に、彼のようなリーダーは稀な存在である。人はしばしば、目的を変えるためのアイディアを提案することに抵抗を覚える。

経営者に対して、組織は初めに設定した目的を遂行するように、しつこいほど急《せ》き立てる。彼らが組織の中でキャリアを積み上げようとするとき、つまり、より単純な課題や、特に明確な目的がある課題を行わなくてはならないとき、こうした組織の体質が彼らに重くのしかかってくるのである。

フランス人のキショア・セングプタは、情報システムの教授を務めており、目的に固執していることの影響を調査した。

2008年、彼は経営者が誤って設定している目的にどのような反応を示すのかについての論文を発表した。セングプタの研究では、数百人の経験豊かな経営者を対象に、従来の目的が古くなってしまうような筋書きでシナリオが展開する中で、どのような判断をするかという実験を行ったのである。

経営者たちは、その実験で好成績を収められなかった。彼らは、本来の目的が他の出来事にとって代わられたというのに、その目的に固執していた。むろん、目的に対して「見えない問題を見抜く力」を働かせることはなかった。彼らは、ショーン・マクファーランドではなく、コダック社やブリタニカ社に似ていた。

もし私たちが、「見えない問題を見抜く力」を抑圧している組織を救いたいのならば、**なぜ組織が悩んでいるのかということを診断することから始める**必要がある。もし、あまりにも組織化（管理され、ミスを嫌い、「見えない問題を見抜く力」を発揮できない状態）が進んでいるからなのであれば、そうした管理を緩和し、ブレーキを緩める必要があるだろう。

その一方で、「見えない問題を見抜く力」を発揮している従業員たちを認め、同時に励ます方法も見いだす必要がある。

もし、組織が情報フィルターにかけて除外するのであれば、そのフィルターを再調整し、抜け道を設定することで、その通過点において発見が引っかかってくる必要がある。

以上、私は「見えない問題を見抜く力」の障壁を乗り越え、組織の心構えとモチベーションの高め方について話をしてきた。

では組織は、どうやって自分たちが直面している問題や、それに関する問題を知ることができるのだろうか？　それは、個人レベルではなく組織レベルで、自己流の「見えない問題を見抜く力」を発揮するしかない。

❖組織という権力に訴えるために

考えるべき別の手段があるとすれば、組織のリーダーたちに組織文化を変えさせようと働きかけることである。

もし組織がミスを減らす下への矢印や、ミスや不確実性を減らすことを強化するのであれば、その組織は思うような結果を出せずに苦しむはずである。組織は、「見えない問題を見抜く力」を発揮できないわけだから、それほど革新的でなくなるはずである。

結果として、本来期待されているほど成功できないことになれば、リーダーたちはパフォーマンスを向上させる上への矢印と下への矢印のバランスをとろうとするはずである。

これは理論である。私たちは、２本の矢印がバランスがとれていないことによる悪影響を彼らに示す必要があるのだろう。理想的には、**組織が下への矢印を過剰に強化したとき、どのようなことが起きるのかということを証明するための調査を行う**ことである。

私たちは、『フォーチュン』誌が選ぶ５００社の優良企業に、下への矢印を強化するような経営をしてもらい、生産性がどれほど悪化するのかを観察すべきかもしれない。しかし、それは非現実的だとわかっている。

私たちがわかっていることは、そうした企業を納得させる必要はないということである。企業はいずれ、独自に納得することになるからである。

過去30年間で、アメリカの産業界は壮大な「社会的実験」を行っていた。主要企業がどれも一様にして、下への矢印を重視することを行ったのである。この実験名を「シックス・シグマ」と言う。

高品質な製品を生産し続ける日本企業に対抗するために、１９８７年、モトローラ社が「シックス・シグマ・プログラム」を開発した。モトローラ社と他の欧米の企業は、日本企業に販売力という点で急速に遅れをとっていた。

モトローラ社の通信部は、「シックス・シグマ」という新しい手法を開発した。それは、ほぼ完璧な品質を実現するために情報を収集して活用するためのものであった。同社は、製造ミスをゼロに近づけたいと考えていた。

シグマとは、平均値からの標準偏差を測定する方法、つまり変動性に注目する方法である。「シックス・シグマ」はミスを防ぎ、予測可能性を向上させるために、変動性を除外するように設計されていた。

「シックス・シグマ」では、99パーセント以上、それを期待することができた。郵送作業で99パーセントも正確であるということは、30万通の手紙を配達するとき、そのうちの3000通が間違ったところに配達されることになる。

1単位の「シックス・シグマ」の目標は、1通のみの配達ミスに抑えることである。100万単位でのミスが発生する数の割合（DPMO）に常にこだわり続けた。ワン・シグマは、69万DPMOである。ツー・シグマは、30万8000DPMOである。そして、シックス・シグマは、3・4DPMOになる。

このプログラムによって、日本製品の品質との差が埋まった。それは、まるでカルトのようにも思えた。厳しい訓練を受けてきたプログラムの専門家たちは、柔道の黒帯を取得したようなものである。「シックス・シグマ」は、下への矢印を異常なほど伸ばしたのである。

ハネウェル社やスリーエム社（3M）などの多くの大企業が「シックス・シグマ」を採用した。ジェネラル・エレクトリック社のカリスマ、最高経営責任者であるジャック・ウェルチは、1995年に「シックス・シグマ」を導入すると明言した。それに呼応し、他社でも次々とそれが導入されることになった。

ついに、『フォーチュン誌』が選ぶ優良企業200社のうちの58社が「シックス・シグマ」の流行に便乗したのである。これらの企業は、下への矢印を強化するブームに取りつかれた。導入後まもなく、いくつかの企業でプログラムが有望のように思えた。そう、売上が急上昇したのである。

ところが、その後、「シックス・シグマ」の実験はうまくいかなくなってきた。2006年の『フォーチュン』誌のある記事には、プログラムを導入した大企業のうちの91パーセントは、S&P500が始まって以来、成長率が鈍化していったと記されてあった。『フォーチュン』誌によると、「シックス・シグマ」は企業がイノベーションを起こすうえでの足かせになったと評された。ミスが発生する頻度を100万分の3・4回に抑えようと莫大なエネルギーをつぎ込んだ結果、新しい商品を生み出すアイディアのための十分なエネルギーが残っていなかったのである。

2007年に『ビジネスウィーク』誌は、3M社における「シックス・シグマ」の興亡についての記事を掲載した。同社はプログラムを2000年に導入していて、そのとき、ジェネラル・エレクトロニクス社の優秀な部下の1人をCEOとして雇っていた。4年後に新しいCEOが就任したとき、「シックス・シグマ」は封印されたのである。

それはシックス・シグマ体制によって、3M社の創造性が抑圧されていたからである。同社の上級研究員の1人は、自分が想定していることをリストアップし、すべての市場分析を提示し、すべて文書化しなければならないことで、自分のプロジェクトを正当化しなくてはならなかったと不満を口にした。

3Ｍ社が開発・成功した「ポスト・イット」という付箋《ふせん》がある。その製品開発者が言うには、もし「シックス・シグマ」が導入されていたら、決してこの製品を開発することはできなかっただろうと断言した。

パフォーマンスを示す上下の矢印が明らかにしていることは、「見えない問題を見抜く力」を発揮する必要がある一方で、ミスや不確実性も減少させる必要があるということだ。私たちはその両方が必要なのであり、どちらかの矢印を極端に伸ばす必要もない。だから「シックス・シグマ」そのものは捨て去られるべきではない。むしろ、保持しておくべきものである。

チャールズ・オライリーとマイケル・タッシュマンは、「両利きの経営」という概念を打ち出した。それは、効率の良さを追求してミスを減らす一方で、イノベーションと創造性を奨励するというものである。

コツとしては、２つの手法をそれぞれ区別することである。仕事の効率化を促進させるグループとイノベーションを推進させるグループに分け、経営者に同時に報告をするというものである。この方法は、少なくともパフォーマンスにおける2本の矢印のバランスをとる方向を目指すものである。組織は、この両方の活動に同時に携わり、また同時に、それぞれの矢印が支配する異なる考え方を尊重する必要がある。

権力に訴えることは、「シックス・シグマ」の実験から学んだ苦い教訓に基づいて物事を進めることであり、また、それぞれの矢印の提唱者たちが進むべき道も示している。このことは、一組織内において「見えない問題を見抜く力」を伸ばし、守るための方法を提供する。

そして、権力に訴えるには、**競争の厳しい環境の中で勝ちたいと思うための実践的な動機を利用するの**である。実践、生存、競争という要素は、予測可能性という罠と完璧主義という罠に対抗し、下への矢印に抵抗する強い組織力を生み出すのである。

CHAPTER 17

見えない本質を見抜く人になるためのヒント

「見えない問題を見抜く力」を追い求め、ひも解くために

私たちが「見えない問題を見抜く力」を発揮させるためには、その力に対して、あなたの心を開くことである。つまり、そうした力を追求し、包み隠しているものを解き放つことができることを意味する。

この時点で、あなたは「見えない問題を見抜く力」に対する感性がより研ぎ澄まされているに違いない。だからこそ、あなたはそうした力がなおさら発揮されるのを確認することになる。これが「見えない問題を見抜く力」を「追い求めている段階」である。

次に、それをかみ砕いて考えることで、人が「見えない問題を見抜く力」をどうやって獲得していくのかということを理解することである。これが**「包みを解く段階」**である。

私たちが新聞や雑誌の記事で見かけるような出来事に対して、包み隠しているものを解くことはできない。なぜなら、私たちは出来事に対して、何も質問をすることができないからである。

私がこの問題に出くわしたのも、自分の研究で多くの貴重な2次文献を用いていたからである。たとえば私は、1955年に亡くなった消防士のワグナー・ダッジに一度も会ったことはない。また、マン渓谷の山火事については、ノーマン・マクリーンの本の情報に頼っていた。

私は、2007年のサブプライム・ローンにおける金融崩壊で利益を上げた賢い投資家たちの誰とも面識がない。彼らの情報は、『ニューヨーク・タイムズ』紙のグレゴリー・ザッカーマンが提供してくれたものだ。

しかし、文書化されたそれらの情報には、私の目的のために十分なだけの深くて詳細な情報が盛り込まれていた。作者たちは「見えない問題を見抜く力」がどのように発揮されたかについて徹底的に調べあげていたのだ。

それでもやはり、実際に「見えない問題を見抜く力」を発揮した人物と会話をすることで、私は多くのことを学んだ。最高の状況とは、その力が発揮されるところを実際に観察し、その詳細をさらに調べてみることである。

2次情報源と実際に観察する作業の間には、「中立の立場」なるものがある。それは、ある人が調査するに値する発見をしたあとに、その人にインタビューをすることである。私の事例のうちの3分の1は、綿密なインタビューから情報を得ている。

あなたは自分自身が、いつ「見えない問題を見抜く力」を発揮するか、また、誰にインタビューするチャンスがあるのか、決して予期できないものだ。だからこそ、そういうチャンスを逃さないように常日頃から準備をしておかなくてはならない。

「無」から生まれたトカゲの話

2010年6月、妻のヘレンと私は、2週間ほどアラスカに休暇で出かけた。初日、ホテルへ送迎してくれるバスを待っているとき、私たちはジェイ・コール、キャロル夫妻と知り合いになった。私たちは、これから2週間ほどアラスカで共に過ごすことになった。

ジェイは、ニューヨークにあるアメリカ自然史博物館の爬虫《はちゅう》類学及び魚類学部門の学芸員を引退したばかりで、そこで彼は、トカゲについて研究を行っていた。そして彼は、退化したと思われるある種のトカゲについての興味深い話を私にしてくれた。

有性生殖の代わりに、そのトカゲは、より原始的な生殖方法であるクローニングによる生殖によって退化したという。専門家のほとんどが、そのトカゲが退化したことを否定していたが、のちになってジェイの言う通りであったことが判明したという。

ああ、彼は「見えない問題を見抜く力」のサンプル対象の候補となる人物になるように思えた。私は休暇中であったとはいえ、彼を被験者の1人として加えられると思ったのである。そのうえ、どうしてそのようなトカゲに無関心でいられるだろうか。

しかし私には、自分の好奇心を深追いするチャンスがなかった。休暇というのはさまざまな誘惑があまりに多くあるもので、新しい出来事にのめり込んでしまうものである。だから、最初の1週間は、ジェイやキャロルに言葉をかけることはほとんどなかった。

2週間目に入って、私はジェイに接近し、お互い夫婦で一緒に夕食をとらないかと彼とキャロルを誘ってみた。そうすれば、私は彼の研究についてもっと話を聴くことができるからである。ジェイは喜んで申し出を受けた。

その晩、4人がけの小さなテーブルに着き、ウェイターが注文をとって会話が中断されることがなくなるまで、時間の経過を待った。そしてついに、そのときがきた。私はトドメを刺しにいったのである。「トカゲについてお話ししてくれませんか?」と私は質問を切り出した。

ジェイが言うには、例のトカゲの話は、驚くべき事実、信じがたい事実、ダーウィン理論に反する事実が混在しているという。

１９５０年代後半、アメリカ南西部や北メキシコで、博物学者たちがウィップテイル・リザードと呼ばれるトカゲの種のコロニー（注：同じ種類の動植物が共生する場所）を発見した。その生物の集団は、メスだけで構成されていた。研究者の１人は困惑して図書館に行き、科学的文献を調べた。その研究者は、１９５８年にロシア人の専門家イリヤ・ダレフスキーによって投稿された論文を見つけたのである。

その論文によると、ダレフスキーは、アルメニアですべてがメスで構成されているトカゲのコロニーを発見したというのである。彼がラケルタ科という３０００匹のトカゲを観察して判明したことは、すべてオスではなかったのである！

どうしてだろうか？　その論文は正しかったのだろうか？　トカゲは有性生殖によって繁殖し、オスがメスに卵を産ませるはずなのだが。オスがまったくいないのに、どうやってそのようなコロニーが存続するのだろうか？

一流の研究者たちは、彼の発見を否定した。その発見は信じられないものだと。

他の博物学者たちは、その発見についてこう解釈した。おそらく、観察したサンプルが偏っていたからだろうと。たぶん、メスはオスとの交尾をすでに終えていてオスはコロニーを離れ、精子はメスの卵管に長い間保存されていたのだろうと。だから、その後、自分で受精するのだろうと考えられたのである。

追跡調査によって、そうした反論のそれぞれに疑問が投げかけられることになった。ある研究者が数匹のメスのトカゲを地面の割れ目に入れて冬眠させて、その後、そこからトカゲを取り出してみた。すると、トカゲたちは次の年の春に繁殖したのである。それらメスのトカゲは雌雄同体ではなく、また、それらの卵管に精子が蓄えられているわけでもなかった。

こうした事実から、1つの思いがけない仮説が生じることになった。それは、その種のトカゲが自分でクローニングして繁殖するということであった。なぜならば、子孫たちは遺伝的に見て、母親とまったく同一のDNAであったからだ。すべてがメスで構成されるトカゲのコロニーでは、胚は未受精卵から形成されていたのである。

DNAの分析方法が開発される以前、研究者によっては、トカゲの皮膚を別のトカゲに移植することによってクローニングの仮説を検証しようとした人もいた。有性生殖をする生物では、こうした皮膚移植をしてみても拒絶反応がなかったのだが、単性（すべてメス）である種類のトカゲでも皮膚移植の拒絶反応を示すことはなかった。

ジェイと他の研究者たちがDNAによる調査を行うまで、クローニングの仮説が完全に立証されたわけではなかった。研究には、メスのトカゲを何世代にもわたって育てなくてはならなかった。

残念なことに、妻のキャロルが――彼女自身、アメリカ自然史博物館の生物学者で研究者であったのだが――トカゲたちを延命させる方法を開発するまで、トカゲたちはすぐに死んでしまったのである。

そして、私は次の疑問点に行き着いた。つまり、「どうやってクローニングが始まったのか？」ということである。

植物の場合、クローニングは雑種間でときどき生じることがある。このトカゲの場合、異なる種の2匹のトカゲが交配をすることができる。そのような交配による雑種は、たいていは不妊で、たとえば、ラバが不妊であるのと同じである。

しかし、トカゲに関しては、特定のメスの雑種である個体、つまり「無から生じたトカゲ」が、クローニングという生殖方法にもっぱら依存して世代を重ねて生まれてきたということである。このクローニングによる生殖方法への転換は、キリンの首や人間の大脳皮質前頭前野のように次第に進化して生じたものではない。それは、単一世代だけに生じたはずである。そうでなければ、雑種の第1世代は繁殖することができなかったはずだからである。

私たちは3つの謎についての答えを得た。

第1に、すべてがメスであるトカゲの種が存在するということ。第2に、そうした種のトカゲは精子がなくても、クローニングを通して繁殖するということ。第3に、クローニングは無から始まるということ。つまり、異なる2種類のトカゲが交配し、子孫である雑種は不妊ではなく、クローニングを通して繁殖することができたということである。

ジェイは、こうした一連の生殖を「リバース・ダーウィニズム」と呼んでいた。ダーウィンは、有性生殖のメリットとして、種の中での多様性が増す点を指摘しており、この種のトカゲがクローニングによって繁殖を続けることは、そうした進化の流れに逆行するものであるからである。別の2種類のトカゲが交配し、遺伝的多様性を示さない単性の子孫の系統が続いたのである。

彼は、この無から生じたトカゲの話を誰が始めたのかを調べた。そこから数人の著名な研究者に的を絞ったが、彼らはすでに他界していた。このちょっとした歴史の話は、途絶えてしまったのである。

ジェイは、この不思議な話に途中から参戦してきた。1960年代初め、彼が爬虫類に興味を持っていた大学院生の頃、アメリカ人で最初にすべてがメスのトカゲで構成されているコロニーを偶然にも発見した学者の研究室で研究を行っていた。

1965年、アリゾナの別の研究室に移籍し、そこで組織学と遺伝学の研究に着手した。翌年、ニューヨークのアメリカ自然史博物館の職を得て、クローン化されたトカゲの遺伝子を研究する独自のプログラムを開始した。

もしあなたがアメリカ自然史博物館の3階に上がってみれば、爬虫類と両生類のホールにウィップテイル・リザードの3匹の標本を見ることができる。そのうちの1匹は、他の2種類の雑種からなる、すべてがメスであるトカゲである。

このすべてがメスであるトカゲの話は、「出来事の矛盾を見抜く力」に適合するものである。研究者たちは、すでに存在している考え方と、すべてがメスで構成されているトカゲのコロニーの存在という矛盾に異議を唱えた。その中で、クローニングを確信していた博物学者たちは、この疑問点を克服することができた。

無から生じたトカゲの事例は、非常に単刀直入なものである。この異例とも言える観察結果は、多くの研究者から拒絶されていたが、のちに、1つの発見、もしくは一連の発見として受け入れられるようになったのである。

1人の人間が、「見えない問題を見抜く力」を発揮できることがあり得ない場合や、また、ある集団を調査することで何か新しい発見を見いだすこともあり得ない場合、何かを発見することはより一層難しくなる。その場合、次に挙げる事例のように、ときどき別の手段を用いることになる。

❖抜け目のない消費者たちの話

市場調査をする人たちは、消費者がどのように意思決定するのかを見抜くため、徹底的に調査する。彼らは市場調査やアンケートを利用し、特定の集団がその商品についてどのように考えているのかを調査する。それでも、十分期待するだけの結果が得られるわけではない。

私の会社はかつて、プロクター・アンド・ギャンブル社（P&G社）のある調査チームに雇われた経験があり、市場に同社の新商品である洗剤を売り込むことに協力したことがある。

P&G社の商品はよく売れていたが、少しばかり値段が高かった。売上高で言えば、市場の中でも低かった。そこでP&G社は、高い洗剤のためにお金を使いたがらない、いわゆる倹約的な主婦たちの眼鏡にかなう商品を開発したいと考えていた。歴史上、同社はこうした観点については見逃してきたのである。

P&G社のプロジェクトチームは、こうした倹約家の女性を理解するために、何年もかけて何千もの調査結果を収集し、調査結果を書類棚に保管していた。そのチームには購買におけるモデル・

プランがあった。それは、消費者たちがスーパーマーケットで安い洗剤を「何も考えずに」購入するというものであった。

プロジェクトチームは、この購買モデルを完全に信頼していた。しかも、彼らは新製品を発表する準備にも取りかかっており、私たちのような部外者によって予定が遅れることを最も嫌っていた。また、上級マネジャーは何も失いたくなかったのである。そのうちの1人は、前回のプロジェクトで一緒に働いたことがあり、私が暗黙知について発見するために活用するインタビュー手法を経験したことがあった。

その暗黙知とは、人が何かを明確にすることが難しい微妙な手がかりのことである。彼が指揮することで、プロジェクトチームは、私の会社と会議を調整せざるを得なかった。

会議が行われたのは、1994年7月6日のことである。P＆G社のプロジェクトチームが私に求めていることは、7月の終わりまでにプロジェクトを完成させることであった。そして、知らないことを発見するというものには期待しないということだった。結局、このような形で3年もの年月を費やしてきたのだ。私たちは単に、上級マネジャーをなだめるために雇われただけであった。

その日私は、怒りを覚えながら会議室を出て行った。P＆G社のプロジェクトリーダーたちの自己満足に気分を害されたのである。私は、先の倹約家の主婦の思考プロセスを打開するための策を、短期間のうちに考案するように求められたのである。

私の会社は、ほんの2日間しかインタビューをすることができなかった。私と3人のスタッフが2つのグループに分かれ、合計で12人の主婦たちに2日がかりでインタビューしたのである。たったそれだけである。

プロジェクトチームのほうは、何百人もの家事を切り盛りする女性たちの調査サンプルを収集した。彼らは、人海戦術で電話インタビューを行ったのである。P&G社と私の会社の違いは、彼らは1人当たり約10分しかかからなかったが、私たちのインタビューは1人当たり2時間もかかったことである。P&G社は、1人の主婦が単純な質問に回答するのに2時間も費やすことが信じられなかったのである。

インタビュー調査は、被験者となる1人ひとりの主婦が典型的なスーパーマーケット内の商品が陳列されている通路の実物大の写真を見せる。そこで、架空の通路を歩いてもらってさまざまな各社の商品を選んでもらう。写真からは各社の商品を見ることができるが、値段を見ることはできない。

被験者である女性は、商品の情報(価格も)を求めなくてはならなくなるだろう。そうして、私たちは彼女がどの会社の商品を考えているのかがわかるのである。被験者たちは、事前に選ばれている人たちであり価格割引を求めている客層の分布に一致する人たちであった。

P&G社のスポンサーたちは、マジックミラー越しにインタビュー調査を観察していた。その結果は彼らの予想と反した内容であった。主婦たちは、P&G社が思っていた以上に、最も値段が安いからといってその商品を買うわけではなかった。

なぜなら、もし彼女たちが自分たちの品質基準に合わない洗剤を購入して自宅に持って帰り、家族を嫌な気分にさせるのであれば（たとえば、服を着たら皮膚が痒《かゆ》くなったというように）、今後、その商品を購入することもなくなる。その結果、お金を無駄にすることになる。

P&G社の購買モデルは、価格だけに関心があり、品質には無関心な主婦たちを対象としたものであった。しかし、私たちが発見した事実とは、倹約的な主婦たちは品質についてもこだわっていて、さらに、価格については鬼のように厳しかったということだった。

彼女たちはバーゲンセールの商品を探すことが好きで、しかも、高品質の商品を低価格で買うことを誇りにしていた。彼女たちは、余計なオマケやメーカーの販売戦略にお金を使わないことに満足していたのである。

以前、P&G社は、そうした消費者は品質に興味がなく、最も安い商品を購入するだけであるとみなしてきていた。今となっては、主婦たちの精鋭化された購買戦略を理解するようになっている。

彼女たちは、商品を最安値で買うだけの単純な思考を持った購買者ではなかった。彼女たちは他の購買者層とは異なり、十分な時間をかけ、商品を分析していたのである。

のちに、P&G社の研究調査チームのリーダーが、私に対して感謝の意を表した。私たちは、顧客の購買戦略について重要な事実を、彼らが見抜けるようにしたのである。もし私たちが、調査対象とする人々に敬意を表することもなく調査を開始するのであれば、そういった人たちから多くのことを学ぶこともあり得ないだろう。P&G社は、消費者に素っ気ない態度を示していた。倹約家の主婦たちは高い商品を買うわけではなかったわけだから、彼女たちの思考プロセスを真剣に考察したわけではなかったのである。

ところが、私の会社のチームは主婦たちに敬意を持って接した。私たちは、個人や組織が持っているポジティブな側面に焦点を当て、対話によって理想像を構築していく調査手法「アプリシエイティブ・インクワイアリー（AI）」を実施した。そのうえで、主婦たちの強みを探ってみたのである。

次の事例は、あなたが「アプリシエイティブ・インクワイアリー」を適用するうえで有益な話かもしれない。

私の孫の1人コビーは、自分の周りを動き回るものなら何でも真剣に鑑賞する赤ん坊である。彼の1歳の誕生日に、母親である私の娘レベッカは、12〜13カ月の赤ん坊についてのアンケート記事を読んでいた。

そのうちの1つに、「自分の赤ん坊は、『パパはどこ?』という質問の意味がわかって反応するのか」というものがあった。レベッカは特に思い当たることもなく、「いいえ」の回答を選んだ。彼女の夫のマットも一緒にいたが、どう反応するか気にも留めていなかった。

翌朝、レベッカは何となしにコビーに試してみた。彼女は彼に向かい合い、自分の鼻を触り、「コビー、これはママの鼻よ」と言った。それから、彼女は彼の鼻を触り、「これはコビーの鼻だよ」と言った。

彼女は、自分の鼻と彼の鼻を触って同じことを繰り返した。次に彼女は、「コビー、パパの鼻はどこ?」と訊いてみた。コビーは振り向き、ハイハイをしながら父親のところまで行き、父親の鼻をつかんだのである。

レベッカとマットは、びっくりして開いた口がふさがらなくなった。2人は、コビーがそのようなことができるとは思ってもいなかったのである。つまり、指示に従い、誰が「パパ」なのかがわかり、ママや自分の鼻ではなく、ちゃんとパパの鼻をつかんだのである。

多くの赤ん坊が、このような指示の意味がわかると私は確信している。この事例は、コビーについてではなく、彼の両親についての話である。

もしあなたが人の知性を尊敬するような方法で、その人物のことを調べることをしないのならば、その人から何か多くのものを発見することはできないであろうということである。

「アプリシエイティブ・インクワイアリー」を活用するうえで重要なことは、**素っ気ない態度ではなく、大らかな心構えで他人の話を聴いたり、観察する**ということである。

あなたは、人の話を真剣に聴いているだろうか？

「ミサイル到着まで、あと1分」

人の話を真剣に聴くというのは、なかなか難しいものである。こうした問題に、イギリス軍の情報分析家たちも悩まされてきた。

その出来事は、1990年のイラク侵攻で、イラク国内の重要拠点や通信設備等を空爆によって破壊する「砂漠の嵐作戦」の最中に起きた。

イギリス海軍将校のマイケル・ライリーは巡洋艦グロスターに搭乗していた。その巡洋艦はイラクの攻撃からアメリカ海軍の戦艦ミズリーを防衛する役割を担っていた。ライリーは、クウェート沿岸から発射されるイラクのシルクワーム・ミサイルが接近してくることを恐れていた。

砂漠の嵐作戦が終わりに近づくとき、ライリーはアメリカ空軍のA－6戦闘機の一団が急襲から次々と引き上げてくるのを目撃した。A－6戦闘機は、しばしば敵味方を識別するシステムに反映されず、また、巡洋艦グロスター上を通過して飛行することもあった。

彼はレーダー・スクリーン上に表示された情報を受けて凍りついた。一瞬のうちに、イラクのシルクワーム・ミサイルがグロスターめがけて発射され、ミサイルが着弾するまでに、つまり、自分たちが生き残るのに1分しかないことに気がついたのである。

彼は第2種のレーダーで連絡をとる訓練を受けていた。A－6機のような戦闘機は、600～900メートル上空を飛行するのに対し、そのミサイルは地上約300メートルを飛行していた。彼は典型的なタイプのシルクワームであることがわかった。そして、そのミサイルを撃ち落とすように命令した。

しかし、どうやって彼はそのことがわかったのだろう？　戦争が終わってから、彼とイギリス軍の情報分析官たちがこの出来事についてのレーダー上の記録を調査したが、当初のレーダーから、それが本当にシルクワーム・ミサイルであることを示す証拠が見つからなかった。

シルクワーム・ミサイルとA－6戦闘機は共に同じくらいの大きさであり、同じスピードで飛行するものである。唯一の違いは高度にある。しかし、ライリーが確認した最初のレーダー・システムには、高度についての情報は表示されていなかった。

ライリーが報告したことは、「その物体が沿岸部から発進すると、『加速度を上げてきた』」という情報である。彼はそのことに注意を払った。しかし、記録テープを検証してみても、その物体が加速度を上げてきたという兆候は見当たらなかったのである。

私が主導する研究チームは、その出来事について、ライリーにインタビュー調査をする機会を得た。私はライリーに2時間ほどのインタビューをし、彼が危機に直面した、生死を分けた10秒間を検証してみた。

私は、彼が確認したレーダー記録を再び回してみて、彼がレーダーの中のどの部分を見ていたのかを質問してみたのである。私は、その記録を調査した分析官たちと同じように、不明な点に出くわした。ライリーには、超感覚的な知覚能力があると信じざるを得なかった。それ以外に説明がつくことはないようにも思えた。

私は測定器を使って、最初の3回の「ビッ、ビッ、ビッ」と鳴っているレーダー・スクリーン上での警報の時間を計測してみた。そして、シルクワーム・ミサイルの情報がレーダーのスコープにいったん現れると、それは一定のスピードで飛行していて、速度が上がっていないことを確認した。

しかし、ライリーは、実際にレーダーを目撃してすぐに信号が鳴った5秒以内に、それがシルクワーム・ミサイルであることを認識していた。だから、彼が情報分析官に報告したような、「沿岸部で発射されてから速度を上げてきた」というのは間違いである。

翌朝、私の研究チームの1人がその答えを見つけて持ってきた。ライリーが使っていたレーダーは、「グランド・クラッター（地上にある装置で、レーダー・スコープに影響を及ぼし、航空機をレーダー上から隠すためのもの）」の包囲網から抜け出したあと、いったん海上から離れた空軍連絡将校からの情報を受信していた。シルクワーム・ミサイルは、A-6戦闘機の一団よりも低い高度で飛行していたので、「グランド・クラッター」の受信網から抜け出すことはなかったのである。

シルクワーム・ミサイルがクウェート沿岸から発射され、ライリーが目撃したA-6戦闘機よりもはるか遠くに飛行するまで、グランド・クラッターの包囲網から抜けることはなかった。このことにライリーは注意を払ったのである。レーダー上で最初にビッと反応したのは、彼が今までに見てきた物体よりも遠方のものであった。彼の感覚は、日々、A-6戦闘機の動向を観察することで養われたもので、彼は容易に異変に気がついたのである。

シルクワーム・ミサイルがグランド・クラッターから抜け出すと、それはA-6戦闘機の一団と同じ速度で飛行していた。だから、ミサイルが沿岸から速度を上げて飛行しているという間違った判断をした。しかし、彼が正しかったのは、「加速しているように見えた」ということである。情報分析官は、レーダー上の画像にあまりにも固執しており、また、ライリーがレーダー・スコープ上で常にA-6戦闘機を見てきたという経験を考慮していなかったのである。

ライリーの認識が仮に間違っていたとしても、貴重なものであった。彼の発見がなかったら、巡洋艦グロスターはシルクワーム・ミサイルの餌食となり、多くの命が亡くなっていたのである。

ライリーの事例が示していることは、どのように間違った結論に到達したのかを理解するためには、それに共感し、かつ鑑賞するようにその人の話を聴くことがいかに重要であるかということである。

私たちは、彼らが語っていることを信じる必要はない。実際にライリーは、彼が目撃したものの詳細については間違っていた。そうであるにしても、私たちは彼が提供してくれる手がかりに耳を傾ける必要があったのだ。

鑑賞するように話を聴くこと以上に、厳密に調査するべきことがある。たとえば、多くの出来事は「他人の発見について」であり、また「なぜ、彼らはそのように振る舞ったのか?」ということである。

あなたが、「なぜ、人がある特定の方法で行動したのか?」ということを理解しようとするとき、厳密に調査することを手助けしてくれるチェックリストを利用するといい。

【「見えない問題を見抜く力」を発揮した人に学ぶチェックリスト】

・その人の持っている知識
・その人の考え方や経験してきたこと
・その人の考えや行動への動機
・その人が考える物事の優先順位
・その人が制約している条件

このチェックリストは、あなたが物事の進展を明確にするための、より詳細な点を調べる方法を示している。これを利用することで、あなたはそうした物事の流れをより深く理解できるようになる。

❖日常に起こり得る「逸脱した習慣」の罠

私が妻のヘレンの行動を観察したことについての、ある単純な事例を紹介することで、このチャプターの結びとしたい。この話から「見えない問題を見抜く力」を解き放つことで、私が意図することを詳しく説明したいと思う。

ヘレン「玄関のドアの鍵がかからないわよ。ドアのロックが壊れているのかしら?」
私「ええと、私の鍵は大丈夫だ。ドアのロックは問題ない。君の鍵がおかしいに違いない」

ある日、ヘレンの鍵が壊れていたようで、私は金物店へ行き、ヘレンのために新しい鍵を作ってもらった。家に戻り、その新しい鍵を試してみた。しかし、鍵が利かない。おそらく、その店の鍵を複製する機械に問題があったのだ。

私は2軒目の店に行き、もう1つ別に鍵を作ってもらった。そして、私は鍵の問題を解決した。ヘレンも何の問題もなく家の中に入ることができるようになった。

これでは、十分なストーリーとは言えないだろう。実際、私自身もこれをストーリーと呼ぶことはできない。あくまで出来事を時間通りに列挙しただけのことだ。ストーリーというのは、必ず重要な点が含まれるものだ。つまり、理想としては、ストーリーとは私たちが何か発見すべきことを教えてくれるということだ。単に出来事を時間通りに列挙したものは、話のそれ以上の広がりがないものである。

多くの場合、人は「何かのストーリーを話している」と主張しているものだが、実際には自分たちに生じた出来事を順番通りに再び思い出して話しているだけである。これはとても退屈なものだ。だから、出来事の順番にさらに詳しい情報をつけ加えることで、意味深いものにしてみよう。その部分は傍線で示している。

ヘレン「玄関のドアの鍵がかからないわよ。ドアのロックが壊れているのかしら？」

私「ええと、私の鍵は大丈夫だ。ドアのロックは問題ない。君の鍵がおかしいに違いない」

ある日、ヘレンの鍵が壊れていたようで、私は金物店へ行き、ヘレンのために新しい鍵を作ってもらった。家に戻り、その新しい鍵を試してみた。しかし、鍵が利かない。おそらく、その店の鍵を複製する機械に問題があったのだ。

ゲーリーは2軒目のお店に行き、もう1つ別の鍵を作ってもらった。

しかしその鍵でもまだ、ドアをロックすることができなかったのである。

私は鍵穴を注意深く観察してみた。そして、自分の鍵を取り出して鍵穴に差し込んでみた。すると、ドアのロックに引っかかってしまい引き抜くのが大変だったのである。そこで私は、鍵穴に潤滑油を吹きかけた。すると、3つすべての鍵でドアを開けることができるようになった。

そして、私は鍵の問題を解決した。ヘレンも何の問題もなく家の中に入ることができるようになった。

どうだろうか。このバージョンのほうが、より「ストーリー」と呼ぶことができる。大げさな話でもないし、人を魅了するような話でもない。しかし、少なくともストーリーの形にはなっている。

これは「見えない問題を見抜く力」についての話である。「鍵が悪い」という思い込みが、「ドアのロックが悪い」という考えに変わったのである。私たちは、そうした思い込みにレッテルを貼ってしまうものだ。つまり、それは「ガーデン・パス・ストーリー」である。

ガーデン・パス・ストーリーとは、人がどうやって誤った自分の概念にとらわれ、たとえその概念に反対するような事実が生じてきたとしても、自分の考えを堅持することである。つまり、私は「問題は鍵にある」という誤ったガーデン・パスの中に迷い込んだことになる。

あとのほうのストーリーで、私は1軒目の金物屋で作られた合鍵を無視し、2軒目の金物屋に行くことになった。

ガーデン・パス・ストーリーについて、「もし人がガーデン・パスに迷い込むとしたら、彼らがどのようにその中にまぎれ込んでしまうのか」「どうやってそこから抜け出せるのか」ということを、私たちは知りたいと思うものである。2軒目の合鍵が駄目だったからといって、果たして、私は3軒目の金物店に行くところだったのだろうか？　私は、その可能性がなきにしもあらずだったことを認めなくてはいけない。

さらに深く調べてみると、なぜ私が1回目の段階でガーデン・パスに迷い込んだのか不思議に思ったかもしれない。最初の合鍵でドアが開かなかったとき、私は自分の鍵には問題ないと思っていた。しかし、私の鍵が突然に鍵穴に入らなくなったのではなく、徐々にそうなっていったのである。だから、この出来事は**「逸脱した習慣化」**についての話である。「逸脱した習慣化」とは、例外的な出来事が繰り返し起こることで慣れ親しんでしまい、それ以上の注意を払うことがなくなってしまうということである。

コロンビア大学社会学教授のアイアン・ウォーガンは、「逸脱したことの習慣化」によるNASAの宇宙船チャレンジャー号の悲劇を本にしている。

「発射時にリングが焦げており、整備の技術者たちは、本来そのような問題が起こるはずもないのに起きていたので心配していた。ところが、次から次と作業上の指令が出てきたので、技術者たちはその焦げたリングに注意を払わなくなってしまった」

私の場合、鍵が鍵穴に入りにくくなってくると、ガチャガチャと鍵を強く捻《ひね》っていた。

そして、そうした行動に慣れていき、鍵を強く捻ってドアを開けることが習慣となった。いつの間にか、「そうすることがおかしい」と感じる意識が、まったく働かなくなってしまったのである。

私がこの考えをヘレンに話すと、彼女は違う理解をしていた。彼女が言うには、この出来事は私たち2人の関係性を示していると言うのである。つまり、私は彼女が望むほど注意深く彼女の発言を聴いていないということであった。

彼女は、こうなる前からドアのロックの問題のことを私に指摘していたという。私はそれを無視しているだけでなく、彼女が私にその問題に注意を払うようにさせるまで、私は何も思い出していないと言うのである（「人の話に熱心に耳を傾けよ」とは、自分への警告だった）。

私はヘレンが、「ドアのロックに問題がある」と言ったことを思い出すことができず、そのことを完全に忘れていた。これは、名誉ある亭主のストーリーではない。むしろ、それはおバカな亭主のストーリーである。

この事例から説明できることは、**たった1つの非常に単純な出来事の発見から派生する、いくつもの異なる重層的な事柄までも示していた**という発見である。

もし私たちが、このような平凡な出来事からこれほど多くの事柄をあぶり出すことができるのならば、本当に挑戦しがいのある出来事から、どれほど多くのことを明らかにできるのか、その大きさを、今一度考えてみてほしい。

CHAPTER 18

「見えない問題を見抜く力」という魔法

❖「洞察力」という武器を使いこなせ！

「見えない問題を見抜く力」というのは、しばしば魔法のようなものである。なぜならば、それはフィナーレに集約されるからである。

そのフィナーレとは、帽子からウサギが飛び出してくるようなものである。私たちは、フィナーレまで続くそれぞれの準備段階を見ることはできない。その段階とは、マジシャンが何年もかけて練習をしてきて、帽子のデザインを決め、ステージの陰にどうやってウサギを忍ばせるかを考え、マジシャンの助手を務める女性が重要な場面で体を前かがみに寄せて、胸の谷間をチラリと見せることまで決めることである。

第1部からたびたび登場しているグレーアム・ウォーラスによる「見えない問題を見抜く力」の段階モデルは、この力が手品のような印象を与えるものである。彼は、予期できない閃きというフラッシュを強調していた。それはあたかも帽子の中から突然、引っ張り出されるウサギのようなものである。

私たちは、人が「見えない問題を見抜く力」を発揮するときの、まさにその瞬間を予期することはできないかもしれないが、その力が発揮されるプロセスは、多くの人が考えているほどミステリアスなものではない。

この本の初めに紹介した「発見への3つのプロセス」は、「出来事の矛盾から見抜く方法」や「やけっぱちな推測から見抜く方法」「出来事のつながりから見抜く方法」という、3つの独立した過程で成り立つものであった。

それぞれのプロセスには、私たちの理解の仕方を支える考えを一変させる手段がある。私たちの考えを再構築させるプロセス、つまり、私たちが出来事を理解するのに利用するストーリーの内容を変えることからフラッシュが生じるのである。

「見えない問題を見抜く力」が働くことで、**1つのストーリーから、より正確で役立つような新しいストーリーに変換する**のである。

私たちが「発見への3つのプロセス」を活用することで、少なくともウォーラスの考えがすべて間違いではなかったことがわかる。彼は、3つのプロセスの1つである「やけっぱちな推測から見抜く方法」を説明していたのであり、何かに行き詰まり、思考をもつれさせている誤った考えを元に戻さなくてはならないということを指摘していたのである。
いくつかの「見えない問題を見抜く力」は、私たちが行き詰まった状態から抜け出すことを必要とする。それはしばしば、出来事の矛盾や出来事のつながりに反応するものである。「発見への3つのプロセス」は、「見えない問題を見抜く力」にまつわる「神話」を解き明かすのに役立つ。神話とは、プロセスのどれか1つに当てはまるもので、それ以外のものには適合しない。

「見えない問題を見抜く力」は、私たちの行き詰まった状態を打破してくれるのだろうか？

そうではあるが、やけっぱちな推測以外は該当しない。

発案段階は役立つものだろうか？

その証拠は混在している。しかし、仮に発案段階が「見えない問題を見抜く力」を向上させてくれるのであれば、3つのプロセスとは別のルートで作用するものである。

経験は「見えない問題を見抜く力」が発揮されるうえで邪魔になるものなのだろうか？

ときどき、やけっぱちな推測からの発見では邪魔になるが、他のプロセスでは邪魔になることはない。

私たちは、物事に対して心を開いているべきなのか？

それは出来事のつながりを見抜くことから発見においては心を開いていなくてはならないが、出来事の矛盾を見抜く方法では必ずしもそうとは限らず、しばしば懐疑的な心構えが必要となる。

私たちは、多くの渦巻くアイディアや異なるアイディアにさらされるべきなのだろうか？

おそらく、それは出来事のつながりを見抜き、出来事の偶然の一致を見抜き、好奇心から発見するというプロセスに当てはまるのであり、それ以外は該当しない。

「見えない問題を見抜く力」というのは、出来事という点と点を結びつけ、空白な部分を埋めるものなのか？

出来事の矛盾や、やけっぱちな推測のプロセスにおいては該当しないが、出来事のつながりのプロセスにおいて点と点が結びつくというのは、あとからの判断による幻想にすぎない。なぜなら、私たちは**「事実と関係のない点」や「対極的な内容の点」を見忘れている**からである。

「発見への3つのプロセス」は、「見えない問題を見抜く力」に関する私の研究を構成する120の事例から生まれたものである。私たちがこの本を通して検証してきた力の事例の大部分は、ダイヤル番号式の鍵のようにぴったりと収まっているもので、番号を正しく合わせることで鍵が開くようになっている。

たとえ番号がすぐにわからないときであっても、私たちは、何らかの数字の組み合わせから正しい番号があることがわかっているのだ。

私が研究を始めた当初、セミナー参加者から「パフォーマンスを示す図の上への矢印をどうやって伸ばせるのか?」と質問されたときより、今は「わからない」という回答以上のことは答えられるようになったと思っている。

私は、何が「見えない問題を見抜く力」を妨害するのか、なぜ人によって自分の目の前にある発見を見逃してしまうのかということについて、さらに詳しい考えを持つことができた。ミスをなくすという下への矢印がどうして強化されてしまうかということもわかった。

また、私は何かを発見するためのチャンスを高める方法についても、いくつかのアイディアが生まれた。もし私たちが、独自の「見えない問題を見抜く力」を高めたいと思うならば、異なる発見への思考プロセスを知るべきであろう。もちろん、「出来事の矛盾から見抜く方法」「出来事のつながりから見抜く方法」「やけっぱちな推測から見抜く方法」のそれぞれにおいて、独自の方法が必要となる。

もし私たちが、「他人が何かを発見するように協力したい」と考えるのであれば、その人の誤った考えに共感しながらも耳を傾けるべきである。他人がバカげた行動をしたり、あり得ない仮説を打ち立てたからといって、バカ者扱いしないことである。その人の誤った考えを探して見つけ出し、その人の考え方を変えるための手段を自分で見つけられるように、あなたが協力するための方法を考案することである。

もしあなたが、組織の「見えない問題を見抜く力」が向上するように協力したいと考えるのならば、第1に、何がおかしくなっているのかを診断すべきである。そして、組織が真にイノベーションを起こし、新しい発見をしたいのならば、「見えない問題を見抜く力」に干渉するような行動を抑えることである。

もし組織が、アイディアをフィルターにかけて除外し、それを抑圧するならば、1つの提案として、組織の各階層に仕組まれているバリアを打ち破ることである。「見過ごされた意見書の再審議場」を利用して、異議申し立てできる活動を活発にすることである。
「見えない問題を見抜く力」の研究で、私は「洞察力（insight）」という言葉を使った多くの流行語に出くわすことになった。ある新聞の記事は、「見識を広げる（offer insight）」経験について大学1年生にインタビューしたものがあった。セミナーでは、どんなテーマを扱うにしても、'Insight' をタイトルにしているものが多くあった。アメリカのホテル・チェーンは、「Innsight（注：Innは「宿」という意味で、insightという語とかけ合わせている）」という広告に出くわしたこともあった。

このように「insight」という言葉は気軽な感覚で使われるようになり、ちょっとした情報を私たちに提供している。それとは対照的に、私たちは自分たちの理解を一変させるようなある種の「insight」――アイディア、見識、発見――などを考察しているのである。

私たちの理解を一変させるということは、「世の中がどのように動いているのか」「世の中をどのように良くすることができるのか」ということについて、自分自身に語りかけているストーリーを予期しない形で転換するということである。

このような転換とは、不連続な発見のことである。つまり、自然な成り行きで私たちの以前からの考えが進化するということではない。私たちの核心となる考えや理解の根拠が捨て去られるか、抜本的に修正されなくてはならないか、または、さらに別の基盤と混合しなくてはならないのである。

私たちは、新しいストーリーから元のストーリーまでの転換の過程をさかのぼってみて、どのようにアイディアが閃いたのかを見いだすことができる。しかし、その逆の作業はできないのである。

アイディアというのは、元のものとは異なるストーリーに対して、予測不可能なほど跳躍的な性格を持っている。私たちは不意な形でアイディアが思いつくものであり、それは意識的で、意図的で、演繹《えんえき》的で、もしくは統計的な推論の産物ではないからである。だからたいていの場合、他の人が、あなたが保持している同じ情報を入手したとしても、彼らにアイディアが閃くことはないのである。

「見えない問題を見抜く力」の可能性を求めて

さて、ここで一歩だけ話を戻そう。

帽子からウサギがパッと飛び出してくるという結末から、視線を逸らしてみよう。ウサギを決まった場所に置く方法についてあれこれと考える代わりに、アイディアが閃くことで、どのように私たちを変えるのかについて考えてみよう。

なぜなら、そういったアイディアが閃くことであなたを変えるからである。これまで取り上げた多くの事例からも、当事者たちは人生が変わることになったのだ。

同僚のロブ・ハットンと私は、研究からさまざまなことを知るに至った。

人は偶然にも、何か重要なアイディアを思いついたとき、それをそのまま放っておくことができなかった。他のプロジェクトに取り組むようになったときでさえも、秘《ひそ》かにそのアイディアについて心の中で考え続けていたのだった。多くの場合、そうしたアイディアに対して、自分たちのキャリアまでも賭けて真剣に考えていたのである。

また、個人の性格を変えるような発見もあった。もし「ウサギ」というアイディアだけに焦点を絞って凝視し続けるのであれば、新しいストーリーから自分自身の理解度が高まったと単純に結論づけることになるだろう。しかし、新しいストーリーは、それ以上の働きをした。つまり、新しい一連の考えによって、私たちは**異なる世界観を持つ**ことになったのである。

私たちは、さまざまな心の準備、能力についてのさまざまな考え、何に注目して、何を無視するのかについてのさまざまな優先順位を持つことになる。さらに、さまざまな目的も持つことになる。結果として、私たちは違った人間になるのである。

過去数十年間、意思決定の学会はヒューリスティック・バイアスに関して、どのように問題を抱えることになるのかについて集中的に研究に取り組んできた。したがって、出来事のつながりを見抜く力、出来事の偶然の一致を見抜く力、そして好奇心というものから私たちを遠ざけ、その結果、「そういった種類の力は存在しない」とまで思うようになってしまった。

意思決定学者たちは、そうした偽の物事のつながりを「疑似相関」とみなし、バイアスに騙《だま》されないように注意を促してきた。ところが、そうした注意から、物事のつながりに気がつくことで学ぶことができるすべてのことを見逃してしまった。

物事のつながりに気がつくことの利点を考慮することもなく、心の傾向から生じる問題の代償を心配するようなものである。ヒューリスティック・バイアス学派は、「私たちの意識に反して、心の傾向がどのように働き得るのか？」ということと、「それによって私たちは不合理な行動を取ることもあり得るのか？」という一連の研究テーマを突きつけてきた。彼らは、「心の傾向を利用して、私たちが何かを発見することができるのか？」というバランスのとれた研究テーマを示すことはなかった。

本書における数々の事例は、私たちが洞察力（物事の本質を見抜く力）を持つことができることを前向きに紹介するための集合体であり、ヒューリスティック・バイアス学派によって否定的に描かれた自画像を修正するためのものである。

私たちを発見に導いてくれる心の傾向、つまり、出来事のつながりや偶然の一致、好奇心、出来事の矛盾を見いだそうとする心の傾向は、私たちの決まりきった思考法に揺さぶりをかけることで、その呪縛《じゅばく》から脱却できるようにしてくれるかもしれないのである。

私たちを発見に導いてくれる心の傾向は、パフォーマンスの方程式であった上への矢印にそれ独自のエネルギーを与える。また、発見を促す力によって、個人や組織の決まりきった思考から自由になれる。

私たちは元来、発見することを渇望し、発見することを楽しむようにできている。私たちを魅了するプロジェクトや夢中になれる趣味から、多くの発見をすることがよくある。「見えない問題を見抜く」ということは、創造的な行為なのである。

私たちがどれだけ物事の本質を明らかにして、その謎を解明するにせよ、いつもとは何か違うことが起きていることに対して、感謝できることへの感覚を捨てるべきでない。それは、私たちは何を堪能することができるのかということでもある。私たちが自分自身に、そして他者に対して話すことができるストーリーだからである。

古代ギリシャ人たちは、人間が持っている「見えない問題を見抜く力」を崇拝していた。スコット・バークーンはイノベーションをテーマにした考察を続けているが、古代ギリシャの宗教的な建築物であるパンテオンに、創造性に富んだ精神を象徴する9人の女神（ミューズ）たちが宿っていたと指摘している。

ソクラテスやプラトンのような哲学の先人たちは、人の創造性を刺激する源であるミューズたち（Muses：物思いにふけるという意味もある）を奉納している神殿に参拝していた。今でも私たちは、この伝統を尊んでいる。

それは博物館（museum：ミュージアム）に行くのは「物思いにふける場所」に行くことになり、音楽（music：ミュージック）を聴くときとは「物思いにふける音」を聴くことを意味している。

私は「見えない問題を見抜く力」の謎を明らかにしようとしてきた。しかし、私たちが何かの発見をするとき、それが自分のものであれ、他人のものであれ、私は人が感じる畏敬の念を感じる。

マジシャンがステージ上を歩いているとき、そこにはすでにウサギが隠されている。しかし、「見えない問題を見抜く力」というのは、それ自体が注意を発することもなく、私たちの予期に反して突然に発揮される。その魔法こそが、人間の創造力なのである。それは、私たち自身の中に存在し、絶え間なく湧き起こっている力なのである。

訳者による解説　「現場主義的意思決定理論」の父へ、敬愛の気持ちを込めて

ゲイリー・クライン博士は、「現場主義的意思決定(Naturalistic Decision-Making, ＮＤＭ)理論」の父であり、世界最高水準の研究レベルを誇る認知心理学者の1人である。彼の研究の価値はノーベル賞級であり、仮に「ノーベル心理学賞」なるものがあれば、１００パーセントの確率で彼は受賞していると私は断言する。

事実、彼のことを研究上のライバルとして、「敵対的協力者」と呼んでいたプリンストン大学のダニエル・カーネマン名誉教授は、「プロスペクト理論」を考案し、認知心理学者でありながらも、２００２年にノーベル経済学賞を受賞している。ちなみに、カーネマンと彼の共同研究者であった故エイモス・トゥヴェルスキーは、行動経済学という新しい学問領域の父である。

１９８９年、オハイオ州デイトンでの学術会議で、クラインと共同研究者のジュディス・オラサヌ、ロバータ・カルダーウッド、キャロライン・ザンボックらはＮＤＭ理論を発表した。その後、この理論は欧米で空前の一大ムーブメントとなる。

ＮＤＭ理論とは、人が実際の現場でどのように状況を判断し、問題解決をするのかについて、その認知メカニズムを説明するものである。

クラインは、火災現場のように、時間的制限があり、不確実性と危険度が高く、しかも目的が明確化されていない状況下で、消防士がどのように意思決定しているのかを調査した。調査で判明したことは、彼らが決断を下すのに、行動の選択肢をいくつか列挙して比較検討するようなやり方をとっていなかったというのである。

熟練者になると、直感（心理学では「直観」とする）を働かせることで瞬時に適切な行動を取ることができる。その意思決定における基礎的なメカニズムは、『再認主導意思決定（Recognition Primed Decision, ＲＰＤ）モデル』と呼ばれている。ＮＤＭ理論に先駆けて、１９８５年にクラインはこのモデルをすでに考案している。

実験室内で人工的に設定された課題を被験者に挑戦させるという従来の調査方法から、実際の現場で被験者の行動を観察し、インタビューすることで意思決定のメカニズムを分析・解明しようとするＮＤＭムーブメント（その分析手法を「重要意思決定分析法（Critical Decision Method, ＣＤＭ）」といい、１９８９年にクラインが開発した）は、認知心理学の分野において革命的な出来事であった。私を含めて世界中の多くの研究者たちがこの理論に知的興奮を覚えたのである。そう、もちろん、あのカーネマン教授も。

教育学の分野で言うならば、現代アメリカ教育学の父であり、プラグマティズムの概念を教育界に導入したジョン・デューイによく似ている。デューイの学校教育観とは、「学校と社会を隔離する4枚の壁を取っ払い、学習者が開かれた実社会の中で学ぶ」というものである。クラインは、実験室の4枚の壁を取っ払い、実際の現場で人がどのように意思決定をするのかを調査したのである。

NDM研究者たちは調査対象を、軍事、緊急医療、原子力開発、航空産業（パイロット及び客室乗務員の非常訓練）、ソフトウェア開発などと幅を広げていった。クライン本人ものちのち、研究員及び顧問として、アメリカ空軍並びにホワイトハウスに招聘《しょうへい》されている。私ごとながら、私が大学院在学中、外資系エアラインの上級客室乗務員たちの機内における危機管理能力と新しい人材開発プログラムの研究を行っていた。彼女たちをインタビューし、彼女たちの思考プロセスを分析した結果、どれもクラインのRPDモデルに当てはまることに私は大変驚いたものである。なお、彼は、2008年に「シャドーボックス」という意思決定トレーニング方法も開発している。

NDM学派の世界的な広がりは、カーネマンとトヴェルスキーを学祖とするヒューリスティック・バイアス学派に匹敵する規模である。カーネマンは、自著『ファスト&スロー

――あなたの意思はどのように決まるか?』(村井章子訳、ハヤカワ・ノンフィクション文庫)で、クラインとNDM学派の存在を次のように記述している。

「クラインは、私の研究手法を好まない学者や実務者集団の知的指導者だった。彼らは『現場主義的意思決定』、略してNDMの学徒を自称し、その大半がエキスパートの行動を研究する組織に所属している。NDM学派は、ヒューリスティックやバイアスに関するアプローチを頑として受けつけず――(中略)――彼らは、人間の判断を固定的なアルゴリズムに置き換えることにきわめて懐疑的であり――(中略)――クラインは、こうした立場を何年も前から雄弁に主張してきた」(同書、下巻14ページより引用)

本書でも記されているが、直感について、クラインとカーネマンは真逆の見解を示している。クラインは、人間の創造力の源泉とも言うべき直感力と、さらには洞察力(本書では、言葉の親しみやすさを求めて「見えない問題を見抜く力」と表した)に絶大の信頼を置く。

論理的、分析的、そして批判的思考は、欧米の教育界において伝統的に重視されてきた。しかし、そういった思考法は、意思決定や創造性に常に貢献し得るものではないという。そのことは、彼の前著3冊『決断の法則――人はどのようにして意思決定するのか?』(佐藤洋一訳、トッパン）、'The Power of Intuition'（Currency Doubleday）、'Steetlights and Shadow'（MIT Press）に詳しく記されている。

さらに興味深い点として、クラインは、統計やアルゴリズム、ソフトウェアなどが私たちに正しい意思決定を導くのにそれほど役立たないとさえ主張する。

クラインに対して、カーネマンらは、専門家の直感は統計やアルゴリズムに劣るものであり、人間である以上、主観や先入観などのバイアスから逃れられないとする。カーネマンの代弁者として、イェール大学法学部兼経営学部のイアン・エアーズ教授、ジャーナリストのクリストファー・スタイナーが挙げられる。

「絶対計算家」という異名を取るエアーズは、著書『その数学が戦略を決める』（山形浩生訳、文春文庫）で、医師に代表される専門家の直感は、統計や確率という絶対計算による判断に劣ると切り捨てる。スタイナーも、著書『アルゴリズムが世界を支配する』（永峯涼訳、KADOKAWA）で、人間の判断と意思決定は数学的に説明できるものであるという。

0と1だけで表現されるアルゴリズムとは、物事を分析的に考え、選択肢を選定する思考法であり、意思決定の正確さについて、エキスパートな人間でもその足元にも及ばない、と指摘する。

このように、認知科学の分野において、現場での研究調査グループと実験室内での研究調査グループという両派の対立は、日本でもかなり深刻である。実際、フィールドでの問題発見及び現象定義と、実験室内での脳機能や人間行動の分析に大きな乖離《かいり》が生じており、危惧《きぐ》を覚えると学会誌で記されたほどである（『認知科学』VOL.22 NO.1 P.34より）。

クラインを筆頭とするNDM学派は、カーネマンのヒューリスティック・バイアス理論、アルゴリズム、絶対計算、まして人工知能研究を否定しているわけではないし、必要であるとも考えている。

しかし、本書で「見えない問題を見抜く力」を学ばれた読者の皆さんは、人間の意思決定や創造性の発揮の仕方が、そういったものとは大きく異なることに気がつかれただろう。そのことは、クラインが本書の中で数多くの事例を挙げて説明している。

確かに、カーネマン理論を推進し、アルゴリズムや人工知能を発達させれば、人為的なミスを大きく抑制することができる。しかし、これはクラインの「パフォーマンスの方程式」でいうところの「下への矢印」に相当する。また、カーネマン理論をオート化、機械化したものがアルゴリズムであり、その究極の形態が人工知能ということになる。この研究が将来もたらすものは、多くの職業が機械にとって代わられ、人間が機械に監視され、統制されるような未来像ではないだろうか。皮肉なことに、アルゴリズムや人工知能の研究者たちも、そういう将来の可能性を懸念している。

では、どうやって「上への矢印」を伸ばせばよいのだろうか。クラインは、シンガポールでセミナーを開催したとき、参加者に「どうやって上への矢印を伸ばせるのか?」と質問されて困惑したという。実は、私もかつて同じ疑問を持ったことがある。

2014年11月30日、私は日本認知学会が東京大学で主催した「冬のシンポジウム――創造性研究の方法論」に参加した。その際、パネリストたちが創造性について公開討論を行ったが、その結論が「人間の創造性は高められる」というだけで、具体的な方法論が示されないまま閉会した。

やはり、「どのように創造性を高められるのか?」という単純な問いかけに、日本トップクラスの認知科学者たちでさえも簡単に回答できなかったのである。そこで本書は、クラインによるカーネマン理論へのアンチテーゼであり、

ロンドン大学政経学院で講演する著者

(写真提供:スカイビジネス社)

この質問への回答となる。

本書で紹介された5種類の「見えない問題を見抜く力」は、クラインが日常生活での体験や出来事を注意深く観察したり、実際に生じた出来事についての情報や見聞を分析し、当事者たちにインタビューすることで見いだされたものである。

彼は、ロンドン大学政経学院（ＬＳＥ）の創立者の１人、グレーアム・ウォーラスによる発見への４つの段階を参考にしている。

今回、研究者としてクラインが示した卓越性とは、イギリスの偉大なる知識人であるウォーラスに敬意を表しながらも、独自の調査結果と考察に基づいて、ウォーラスの発見に批評を加えたことである。

さらに驚くべきことに、２０１５年3月26日に、同大学院がクラインをゲスト講演者として同校に招聘したことである。創立者の学問的見解が部外者に批評されることは、本来、その学術機関にとってあまり気分のいいことではない。しかし、あえてそういう部外者を歓迎する寛大さ、懐の深さを痛感させられる。


ところで、日本人の読者が、本書の中でもう１つ気に留めておくべき事例は、旧日本海軍による真珠湾攻撃の話であろう。

本書において、クラインはこの出来事から学ぶべきことが多いと述べており、前著3冊でもこの事例について言及し、分析している。真珠湾攻撃を含めた太平洋戦争は、指導者層の危機管理能力不足、戦略性のなさ、情報管理の不徹底さ、状況の変化に対応できない組織の硬直性などといった日本人の弱点をさらけ出した戦いとなってしまった。

この事例だけでなく、クラインは、軍、企業、諜報機関、報道機関などの巨大組織が官僚主義化することで、従業員たちの「見えない問題を見抜く力」が抑圧される危険性があることに警鐘を鳴らしている。組織がそのダイナミズムと創造性を失うことで、私たちの作業の効率と生産性が低下するだけでなく、かえって新しい問題が生じることになるのである。

最後になるが、原著は、御夫人であるヘレン教授（ライト州立大学名誉教授）、優秀な娘さんたち、親戚の方々、共同研究者の方々、友人からの多大な協力があって上梓《じょうし》されたという。すでに原著は、韓国、中国本土、台湾でも翻訳され出版されている。日本語版に関して、この度、駆け出しの研究者にすぎない私が翻訳する機会をいただけたことは、自分の学者人生における最高の名誉である。ゲイリー・クライン博士は、ＮＤＭ理論の父であり、私の学問の父でもある。

翻訳にあたり、フォレスト出版の皆様に大変にお世話になった。太田宏社長、稲川智士編集長、社員の皆様のご協力なくして、彼のこの素晴らしい著作を日本に紹介することは難しかっただろう。心から皆様に感謝申し上げたい。

私の仕事の良きパートナーであり、母でもある順子、父である守、飼い猫で人生の友である小南仔（こにゃんこ）と故・次南仔（じにゃんこ）にも感謝したい。そして、スカイビジネスを応援して下さる皆さんにもこの場を借りてお礼申し上げる。皆さんは、私の長い学問の旅を支え続けてきてくれた。

奈良　潤

２０１５年11月

【著者】ゲイリー・クライン（Gary Klein）
米国認知心理学者。1944年、ニューヨーク市出身。1969年にピッツバーグ大学で実験心理学の博士号を取得。1989年、『現場主義的意思決定（Naturalistic Decision-Making, NDM）理論』を構築したことで世界的名声を博す。オークランド大学助教授、ウィルバーフォース大学准教授を経て、米空軍省に研究者として勤務。1978年にR&D企業クライン・アソシエイツを創業。2005年に同社を売却。現在、マクロコグニション社の上級研究員。ホワイトハウス・シチュエーションルームのリーダーの1人として活躍した経験がある。米国心理学会、米国人間工学会の各役員。2008年、米国人間工学会よりJack A. Kraftイノベーション賞を受賞。著書に『決断の法則―人はどのようにして意思決定するのか？』（佐藤洋一訳／トッパン）がある。
◆著者ホームページ：http://www.gary-klein.com/
◆マクロコグニション社ホームページ：http://www.macrocognition.com/index.html

【翻訳者】奈良 潤（Jun Nara）
意思決定学者。教育コンサルタント。1976年、東京都出身。高校卒業後、渡米。2010年、カペラ大学で教育学の博士号を取得。大学院在学中より、外資系企業就職の人材育成に携わる。現在、総合教育会社スカイビジネスの代表を務める。日本認知科学会、米国人間工学会、米国判断意思決定学会の各正会員。翻訳書に、『戦略のためのシナリオ・プラニング』（ロムロ・W・ガイオソ著／フォレスト出版）がある。
◆スカイビジネスホームページ（日本語）：http://skybusiness-jp.com/
◆スカイビジネスホームページ（英語）：http://skybusiness-eng.com/

〈装丁〉萩原弦一郎　戸塚みゆき（デジカル）
〈本文イラスト〉川野郁代
〈本文デザイン＆DTP〉新藤 昇

「洞察力」があらゆる問題を解決する

2015年11月13日　初版発行
2016年 1 月27日　3刷発行

著　者　ゲイリー・クライン
訳　者　奈良　潤
発行者　太田　宏
発行所　フォレスト出版株式会社
〒162-0824 東京都新宿区揚場町 2-18　白宝ビル 5F
電話　03-5229-5750（営業）
03-5229-5757（編集）
URL　http://www.forestpub.co.jp

印刷・製本　萩原印刷株式会社

ISBN978-4-89451-674-8　Printed in Japan

フォレスト出版　好評既刊

◆企業経営者、幹部、MBA取得・学習の方へ——

グローバル戦略に欠かせない、
未来に起こりうる問題解決への意思決定に迫る

戦略のためのシナリオ・プランニング
～勝ち残りの思考と意思決定～

ロムロ・W・ガイオソ／著
奈良 潤／訳

ISBN978-4-89451-663-2
定価：本体2800円＋税

◆様々なシナリオから、企業が選択する道を模索したシナリオ研究・事例も掲載

・幹細胞における倫理と希望へのシナリオ
・再生可能エネルギーにおける政策と開発へのシナリオ
・有事における国際外交と企業利益へのシナリオ

◆シナリオ・プランニングの理論と実践法を解説

◆日本語版に際して、第7章を新たに加筆